·幸福成长丛书·
XINGFU CHENGZHANG
CONGSHU

刘琳琳 _著_

给孩子最好的未来

刘红专 书

中华工商联合出版社

图书在版编目（CIP）数据

给孩子最好的未来/刘琳琳著. -- 北京：中华工

商联合出版社，2016.5

ISBN 978 - 7 - 5158 - 1655 - 5

Ⅰ.①给… Ⅱ.①刘… Ⅲ.①职业选择—少儿读物

Ⅳ.①C913.2 - 49

中国版本图书馆 CIP 数据核字（2016）第 091573 号

给孩子最好的未来

作　　者：刘琳琳
出 品 人：徐　潜
策划编辑：李红霞
责任编辑：李红霞　侯景华
封面设计：周方亚
营销策划：郑　奕　杨立军
市场推广：张　朋　赵玉麟　闫丽丽　张　一
责任审读：郭敬梅
责任印制：迈致红
出版发行：中华工商联合出版社有限责任公司
印　　刷：北京毅峰迅捷印刷有限公司
版　　次：2016 年 7 月第 1 版
印　　次：2016 年 7 月第 1 次印刷
开　　本：710mm×1020mm　1/16
字　　数：248 千字
印　　张：17
书　　号：ISBN 978 - 7 - 5158 - 1655 - 5
定　　价：39.80 元

服务热线：010 - 58301130
销售热线：010 - 58302813
地址邮编：北京市西城区西环广场 A 座
　　　　　19 - 20 层，100044
http：//www.chgslcbs.cn
E—mail：cicap1202@ sina.com（营销中心）
E—mail：gslzbs@ sina.com（总编室）

推荐序一
何以解惑， 唯有规划

几天前，琳琳打电话请我为她的新作《给孩子最好的未来》写推荐序，我当即应允。

她是我的学生，也是我的同事，我们现在共同为推动中国人本土化的心理咨询和职业生涯规划咨询而努力。这些年，她一路走来，勤勤恳恳，兢兢业业，一步一个脚印，非常踏实，她的努力执着、坚韧勤奋和专业敬业，是特别令我欣赏和感动的。

这本书她修改了几十遍，光删减的部分就比现在呈现在各位面前的厚。她结合最新最经典的咨询和辅导案例，结合新时期家长和老师朋友们不断遇到的各种新挑战，不停地修改，书还未出版，就已经收到诸多好评和广泛关注。

这是一本沉甸甸的书，这是一本累积着她智慧和心血的书，这更是一本非常值得家长和老师朋友们认真阅读的书。

每一位家长和老师，都盼望孩子能够健康成长、学业有成、梦想成真。然而，在陪伴孩子成长的过程中，无论是谁，总会遇到这样那样的问题。这些问题有时候就是小问题，比如学习注意力不集中，比如对某一个科目不太感冒，比如跟好朋友闹别扭了……小问题不解决，也许就会成为大冲突，冲突没有得到及时有效的处理，可能会带来更麻烦的后果。那如何能够防微杜渐，未雨绸缪？这本书从孩子成长、家长教育、家校沟通等各个方面，进行了深入浅出的介绍和讲解，能够给读者朋友以切实的指导和帮助。

　　如果我们的孩子发展得很不错，我们往往希望孩子能够更好，更幸福，更快乐。可怜天下父母心，我们总想给孩子最好的，给孩子更多的，尽己所能，甚至掏心挖肺都在所不惜。那么，如何能够量体裁衣，因材施教，给孩子的生涯发展以个性化的指导，既能够因势利导充分发挥孩子的天赋特长，又能够因地制宜充分提升孩子的社会适应能力？这本书从兴趣、能力、价值观等各个方面，提供了丰富多彩的案例分析，讲解了通俗易懂的生涯规划，可以给到读者朋友们以全新的视角、实用的工具和充分的尝试空间。

　　又是一年高考季，每逢此时，都有络绎不绝的家长带着孩子走进咨询室寻求帮助。如果他们能够早一点接触到心理学，早一点接触到生涯规划，早一点阅读到本书，就能够早一点了解如何用规划帮助孩子更好地学习与生活，如何能够拥有更为健康、融洽的亲子关系，如何能够更好地指导孩子为梦寐以求的未来进行有的放矢地努力与拼搏。

　　《给孩子最好的未来》是琳琳第一本作品，在过去的几年中，她已经成功帮助了无数的孩子与家长，从成长的泥泞中走到明媚的阳光下。衷心地祝愿，她能够帮助到更多的家庭和孩子，把握美好的当下，迎接最好的未来。

王　颖

中国科学院心理研究所临床心理学博士

中国心理卫生协会会员

中央人民广播电台、中央电视台、北京电视台特约心理专家

国家人事部人才测评师

推荐序二
我们能给孩子最好的未来是什么？

我们能给孩子最好的未来是什么？这个问题，相信每一位父母都在深思，每一位教育工作者都在深思，每一位心理学工作者都在深思……伴随着科技的日新月异，时代的飞速发展，社会的巨大变化，这个问题却越来越不好回答了，它没有标准答案，所以，父母面临的挑战更大，学校的教育和管理也同样如此。在每年两会上，都会有很多代表提出各种教育改革的方案，大家都在聚焦这个问题，希望能给我们的孩子最好的未来，更好的教育。

然而，最好的未来到底是什么呢？

我们这一代人生于20世纪60年代，经历了一个巨大的变革时代，一个伟大的创业时代。回想我们年轻的时候，想到的最好的未来是什么，每个人或许答案不尽相同，但有一点大概是共同的：从家庭而言要"更有出息"，去追求"富裕的生活"；就事业而言，要"为中华之崛起而努力"，实现"人生的价值"。"修身齐家治国平天下"的古训深深地影响着我们这一代人。回想几十年人生，吃了许多苦，也付出了许多汗水，得到的回报也是非常丰厚的。我们所拥有的现在，已经远远超过了当初我们憧憬和想象的范围，这中间包含着时代前进的力量，也有我们自身的努力。

我们这代人的孩子们，他们在物质上要富裕多了，知识和信息也极为丰富，未来的机会和空间也很大，但他们面临的挑战也是巨大的。在这种情况下，如何能给他们以丰厚的精神财富和心理资产，让他们能够传承历史和文化的精髓，在时代的潮流中，能够坚守初心，实现梦想，收获幸福？

作为父母毫无疑问都想给孩子最好的未来，可是未来到底受什么影响？未来到底需要什么？未来会发生什么？这些都须深思和探索。在充满变化的世界中，孩子该如何培养？家长该如何成长？家庭教育的核心和重点到底是什么？方法和技巧又有哪些？遇到层出不穷的麻烦该去哪里求助？

不妨想想看：

你现在努力培养孩子的方向符合社会发展趋势吗？

你现在辛勤灌输孩子的知识可以帮他应对未来的挑战吗？

你现在竭力给予孩子的呵护能够让他发展健康的心智吗？

……

这些问题确实很难回答，不论作为父母、老师、心理咨询师、教育工作者或社会工作者，这本书如果细心阅读，应该会有所收获。作者在书中，非常用心地试图提出一些方法和案例来探索这些问题的答案。书中案例都非常生动，作者努力把深奥的理论用浅显易懂的语言，深入浅出娓娓道来，既有深入分析，又有实操建议，有助于引导孩子去进行未来规划。

看了这本书，你会发现作者是很用心地要在家长和孩子之间建立起心灵沟通的桥梁，让父母更懂孩子，也让孩子更了解父母的期望——无论未来如何变化，不变的，是我们给孩子的爱和孩子追寻幸福的初心。其实，对于父母来说，我们能给孩子最好的未来，莫过于最适合他们的未来。

父母在陪伴孩子成长的过程中，也是和孩子一起一路摸索过来的，我们是孩子人生的领路人，本身也是个学习者，相信这本书能够为你提供一些思路和助益。

叶甜春

研究员　博士生导师

中国科学院微电子研究所　所长

中国科学院大学微电子学院　院长

推荐序三
生涯规划的行动方案

施行有效养育，培育青少年发展资源是家长们的"中国梦"。青少年的生涯规划启蒙是一个分量十足的"发展资源"，特别是学业规划与生涯管理等议题，将会影响青少年的学业绩效与身心健康。

该书以生涯规划的问题为导向，使教育更加有的放矢。读过此书，教师，家长和孩子会形成一条贯串始终的线索，把今天的刻苦学习和未来的美好生活恰到好处的联系起来。书中提供了大量案例，生动形象，深入浅出。在形成整体线索的前提下，该书重点探讨了学业规划问题，正所谓：合抱之木生于毫末，九层之台起于累土，千里之行始于足下。美好的未来始于当下的努力。该书还探讨了家长如何与青少年进行生涯规划沟通的问题。面对成长中的孩子，家长既不能失之过宽，也不可失之过严。如何恰到好处地通过引导性支持，将自己的人生经验传递给孩子，这是一门很难掌握的艺术，琳琳在书中也做了尽力的阐述。该书还从自我探索以及社会支持系统的角度探讨了孩子未来发展的问题。没有一定的社会支持系统，自我很难发展。曾经听过某大学才女的网络著名语言："我们来到这个社会，不是来适应社会的，而是来改造社会的"。虽然勇气可嘉！然而，不适应社会，又如何改造社会？自我和社会的关系是一个非常重要的话题，它关乎到每个人的成长，规划和发展。该书中的观点值得借鉴！

该书优点具体有三：一是作者并没有纠结于生涯规划等概念的定义，而是以具有代表性的个案入手，吸引读者进入"思考场景"。二是面向青少年生涯困惑与模糊等具体问题，给出了朝向问题的心理测量工具、自我探索方法以及行动方案。三是除了青少年自我的生涯成长之外，作者特意留出篇幅将家长、社会支持系统等做了很好梳理，很好呼应了青少年生态发展的理念。

希望读者朋友们受益的同时，也多多给作者提建议。使得该书在后续的修订中不断完善，最终做成一本更符合大众需要的心理学读物。

倪士光博士

清华大学深圳研究生院副教授

社会工作与心理健康研究中心

2016 年 4 月 3 日

推荐序四
灵活规划， 让生涯更可贵

"人生天地之间，若白驹过隙，忽然而已"。在这短暂的生命长河中，有些人活得灿烂精彩、轰轰烈烈，有些人却懊悔半生、碌碌无为。究竟是什么影响了我们的生活品质？究竟是什么造就了孩子的未来？从宏观来讲，我们可以说是基因、环境、教育以及这些因素的交互作用。然而，从微观来讲，则是我们每个人对自己的人生规划。有合理规划的人生虽然也会品尝到生活的酸甜苦辣咸，但是更多的却会在实现目标的过程中体验到快乐与满足。有些人推崇随遇而安、顺其自然的生活态度，这其实并非表明我们不需要对自己的人生做出计划和安排，而恰恰说明，我们应该有计划地练好生存的本领，以使我们在生涯中能够灵活地以不变应万变。

我以前虽然也阅读过一些生涯规划的书籍，并参与编写了一些相关教材，但看到《给孩子最好的未来》这本书还是让我眼前一亮。这其中最主要的原因有两点。第一，这本书的编写体例别具一格，"生涯故事""生涯视角"和"生涯工具箱"三个板块紧密结合，从事例到理论，再到自我探索和自我实践让生涯规划不再是晦涩难懂的理论，不再是简单的条条框架。其中，"生涯故事"通过具体的事例，让我们身临其境地对孩子可能遇到的问题，自己可能曾经有过的问题有了新的思考；"生涯视角"透过心理学的视角，可以使我们更加科学准确地看待生涯问题；"生涯工具箱"能为我们的生涯规划和诊断做出详尽的分析。第二，这本书的编写视角新颖独特。这是一本给父母看的书，我设想里面介绍的都是如何帮助孩子做好生涯规划的内容，然而本书的立意并非完全如此，很多内容也有助于父母重新看待人生、规划未来。因此，这是一本可以让父母和孩子共同受益的好书！诚如作者自己所言，这本《给孩子最好的未来》恰好可以帮助我们自己、帮助我们的孩子为人生做一次真正的规划，让我们的生涯更加完美和精彩！

该书作者刘琳琳女士作为资深生涯规划师，为多所大中小院校做过职业生涯的讲座和培训，有着非常丰富的实践经验，她难能可贵地把心理学的知识和原理有机地融入到了生涯规划和生涯指导中。因此，这不仅是一本理论联系实践的书，也是一本生涯规划的科学普及书，相信每位阅读了此书的读者都会受益匪浅！

董妍

中国人民大学心理学系副教授

2016 年 4 月 22 日

目 录 ———————— Contents

| 给 孩 子 最 好 的 未 来 |

第一章

Chapter One

和孩子一起认识生涯规划

给 孩 子 最 好 的 未 来

● ● ●

| 第一节 | **职业世界初探**

罗素曾说："选择职业是人生大事，因为职业决定了一个人的未来……选择职业就是选择将来的自己。"

不妨回想你的生命历程，你是从什么时候开始为选择职业进行准备的？你又是如何为选择职业而努力的？你认为你的职业发展将如何决定你的一生？你现在是否对自己的职业发展感到满意？

这些问题无论抛给哪一个成年人，都是非常不容易回答的。

如果你的答案令人非常满意，那么我要特别恭喜你，你是少数的幸运儿之一。你可以把阅读本书当成一次奇妙的旅程，那些你可能不太熟悉的生涯故事和经历可以让你对孩子们能进一步理解和接纳。本书提供的理论、方法和技巧可以帮助你重新回顾和梳理，很快你就会明白，为什么你的生涯满意度和幸福度如此之高，而使用本书对孩子的发展进行指导也将变得更加游刃有余。

如果你的答案不令人满意，感觉到迷茫、困惑，甚至常常有想要重新活过一次的念头或重新选择职业的冲动。那么，我也要特别恭喜你，为什么呢？因为你迷茫过、痛苦过，因此在阅读本书的过程中，你就会更容易产生共鸣，也就更容易认同本书的理念，从而有很大的机会和可能将这些理论、方法和技巧应用在你和你的孩子身上。

想想看，无论你的职业发展顺利、满意与否，你是否曾经跟你的孩子深入地交流过、探讨过这些呢？

调查显示，相当高比例的孩子们并不知道父母们从事的工作和职业，更不知道他们的父母具体的工作内容是什么。这是非常遗憾和可惜的。

因为，当父母能够和孩子谈起自己的工作、聊起职业世界的时候，可极大地帮助孩子尽早了解职业世界，这对他们的成长和发展是有极大帮助作用的。并且，在沟通这些内容的过程中，亲子关系会牢固发展，孩子会更容易了解和认同父母：当他们能够深入地了解父母每天从事的工作内容，他们更有机会知道为什么此刻自己必须老老实实坐在教室里，花那么多时间和精力进行学习；他们将知道，学校里的考试相比职业世界悄无声息的竞争和行业淘汰不过是小菜一碟。

亲子关系与职业选择理论

美国著名的心理学家、职业辅导理论奠基人罗伊（Roe）于1957年提出亲子关系与职业选择理论，这个理论以孩子和父母之间互动的早期经验为依据，对日后孩子职业选择的行为进行预测。

许多生涯选择并不是偶然的，而是因为早年的需求没有充分、及时地得到满足（比如，可能父母幼年时没有得到足够的情感呵护和心理满足，也有可能是物质上过度匮乏，成年后过分强调物质满足……），于是这些遗憾、未完成事件便成了人们内在的动力来源，无意识地指引着生涯选择。

如果高层次的需求（如自我实现、审美等）不能满足，这种需求将会消失而且不再发展。穷人家的孩子早当家，他们更容易停留在生理需要和安全需要的层面，从小忙于生计，为果腹而奔波忙碌。

如果低层次的需求（如生理、安全、爱与归属）未能满足，则将驱使人们去满足此类需求来维持生存，而间接地妨碍了高层次需求的发展。管仲说"仓廪实而知礼节"，就是这个意思。

体现在孩子身上，具体的表现是什么呢？比如说，一个本该好好玩的年龄，如果没有被允许玩，那么这个需求就没有被满足，怎么办？这个未被满足的需求会在潜意识当中驱使孩子找机会去满足，为了满足这个需求，其他的需求就会被推后。最典型的例子就是在中国，高考之前，所有的孩子被要求拼命地学习，"考考考，老师的法宝；分分分，学生的命根"，爱玩的天性被压抑了，爱玩的需求被延迟了，而且往往这个需求从小学，甚至幼儿园阶段就被延迟满足了……到了大学，突然放松了，没人管了，这个需求就像被摁下自动开关一样，开始发动马力，大学生们开始无节制地玩游戏、看漫画，谈恋爱，搞社团……什么好玩玩什么，什么有趣玩什么……玩儿的需求被充分满足了，代价就是更高层次的需求被延迟了……有一个很极端的案例，说的是一个学生考上清华大学，狂玩游戏，玩到科科都挂，最后被勒令退学。他复读高考，再次考入清华大学，还是老样子，继续玩游戏，挂科……多么令人扼腕叹息的一个案例啊！

有个段子说，中国的教育现状是，幼儿园拼命补小学的课，小学提前学中学的，中学提前学大学的，到了大学干什么，开始补幼儿园的功课，怎么玩儿，怎么懂礼貌讲文明，如何自己的事情自己做（比如洗袜子、洗衣服）……

什么年龄做什么事儿，这是最好的生涯发展。千万不要想当然地以为可突击速成。同理，你在某个生涯阶段欠下的任务是早晚都要补回来的。越欠越多，那堆积到下一个生涯阶段的任务就会越多……

为什么现在大龄单身男女这么多？很重要的一点也可以参考这个理

论。早期情感需求没有被满足，所以当该建立亲密关系的时候发现自己要么爱无能，要么逃避学习和成长……

需求满足带来的影响力将依据该需求的强度、时间的长短及周围环境对满足该需求的价值判断而定，所以才会有那么多青春期后置的成年人过着乱七八糟的生活。今天开启说走就走的旅行，明天摁下一个疯狂的按键又不知道会有什么样的行为……

亲子关系的三种类型、六种情况

罗伊认为，需求满足的发展与个人早期的家庭氛围及成年后的职业选择有密切的关系。在个人的早期经历中，父母对他是接纳还是拒绝，家中氛围是温暖还是冷漠，父母对他的行为是自由放任还是保守严厉……这些都会反映在他（她）所做的职业选择上。

罗伊把父母管教的态度从"温暖"和"冷淡"两个基本方面入手，大致划分为三种类型、六种情况（见表 1 – 1）。

表 1 – 1　亲子关系的三种类型、六种情况

三种类型		六种情况	
关心子女型	多半能够满足子女的基本生理需求，而对心理需求则是有条件地予以满足	过度保护	过度要求
逃避型	只满足了子女生理方面的需求，却忽略心理上的需求	拒绝	忽视
接纳型	充满了爱的父母不仅能满足子女的需求，而且也会鼓励、支持子女发展他的独立意识。不明确型的父母则多采取自由放纵、任其发展的态度	接纳爱	接纳不明确

关心型的父母更注重满足孩子的生理需求，他们会关心孩子是否冷了热了、渴了饿了、累了倦了。在生活方面，会把孩子照顾得很好，甚

至有些父母会把孩子照顾得太好，而让孩子失去了自理和独立的能力。比如，现在小孩儿普遍不是吃得太少，而是太多，父母生怕孩子吃得不够多，吃得不够好，拼命学习营养学，玩命学烘焙，变着花样做好吃的，就怕亏了孩子的嘴。在穿衣上更是如此。经典的段子"有一种冷，叫你妈觉得你冷"描述的就是这种情况。所以，这种环境下长大的孩子更容易出现暴饮暴食或者厌食症。关心型的父母也重视孩子的心理需求，但是满足需求应是有条件地满足。

一种表现是过度保护，什么是过度保护呢？就是对孩子无条件关心。对孩子的需求有求必应：缺啥，买；要啥，给；被同学欺负了，那不行，咱们得找回去；挨老师批评了，好，你等着，我给校长打电话；明天不想上学了，行，咱们请假就说你生病了；作业太多，妈帮你写……难怪说，每个问题孩子背后，都有一对问题家长……无法无天的熊孩子就是这么惯出来的。

另一种表现是过度要求，什么是过度要求呢？就是我爱你可以，但是你得满足我一个条件。你想玩一会儿？行，先去弹一小时钢琴。让我抱抱？可以，咱们先把这首唐诗背了。打会儿游戏？好说，先把数学题做15道。看会儿动画片？好吧，你先把今天的错题本整理完……这种爱，是功利的爱，是有条件的爱……许多孩子会在青春期爆发，说父母虚伪，往往就是对此表示强烈的不满。他们不相信这个世界上有无缘无故的爱，如果别人爱他，但是对他没有提出要求或附加条件，他会受宠若惊，甚至无法相信，因为这不是他熟悉的感觉呀，父母不是这样对他的。所以，他们会活得很辛苦、很拧巴，一方面很渴望爱，一方面又不太敢相信别人会给他们无私的爱。

生涯故事 ❶

　　李盈的父母最近简直要崩溃了。因为孩子进入高三以来，频频要求请假，今天肚子疼，明天胃疼，后天头疼……刚开始，父母觉得孩子可能真的身体不舒服，医院的检查也显示孩子有脑血管痉挛和胃炎、肠炎，但是并不影响正常的学习和生活，发病原因也不甚清楚。学校校长、年级主任、班主任纷纷约谈家长，他们表示：请假一次两次可以，长期请假肯定不行，一是学校有考勤要求；二是正值高三的非常时期，其他孩子一旦效仿怎么办？虽然孩子成绩优异，但长此以往也不行呀！

　　李盈的父母对孩子就是一种过度保护，他们几乎对李盈提出的要求一概满足，但是并不能准确地看到和回应孩子发出的情感需求。他们对李盈不断请假的纵容行为非但不能缓解李盈当下遇到的困难和痛苦，反而会给她带来更多的麻烦。

　　为人父母，大概是天下所有工作中最具有挑战力的一种了。因为没有哪一份工作比做父母有更全面的能力要求，没有哪一份工作比做父母有更多耐心的要求，没有哪一份工作比做父母有更多与时俱进的要求……如果我们不通过学习、练习和实践，就没有办法为孩子提供更好的教育和养育，这些互动的经验都会成为孩子生涯发展和职业选择的阻碍。

　　许多父母认为自己为孩子付出得太多，可是孩子并不领情，不是因为父母付出得不够多，而是努力的方向出现偏差。许多父母一直用自己熟悉、习惯的方式去与孩子沟通，去和孩子相处，却并不了解孩子真实的内心世界和真正的渴求，所以付出的努力是缘木求鱼、南辕北辙，真是令人心疼，又可惜。

以李盈为例，她呈现出来的表面问题和行为症状是身体不舒服要求请假，事实上她是因为长期的人际关系压力导致身体出现了不舒服的症状，所以去医院进行单一的躯体治疗并没有明显的效果，父母顺从要求帮她请假，不但不能缓解她的压力，反而会增加她的压力——第一，经常缺课，学习上会落下很多，学习落后，成绩和排名都会下降，她在意的人际关系问题就会雪上加霜，因为她本来就很不自信，成绩是她的最后一道防线，如果这个也没有了，她的压力会更大，也极有可能出现其他的一系列反应；第二，经常请假，同学们会议论纷纷，脆弱的她没有办法面对同学们的讨论和质疑，因此压力倍增，她就更不愿意去上学了，这会形成恶性循环；第三，由于过去成绩优异，所以她一直可以享受到来自老师和学校的褒奖，这是她自信心的来源之一，现在由于常常请假，老师和学校都表现出明显的不满情绪，看到她就会对她进行批评教育，这让她的自我价值感更加低落，人际关系出现新的矛盾和问题，会让她更想逃离学校的环境，同样会加重恶性循环。

父母真正要帮助她解决的是提升自我认知，构建客观的自我认知标准，从而可以提升自信心和抗挫力，在敏感的青春期能够更从容地应对来自外界，尤其是人际关系的压力。

许多学习问题、厌学问题本质都跟李盈的故事非常相近。一个孩子哭着说我不想去上学了，你如果就此批评她或者强行扭送她去上学，那就大错特错了。在她哭泣的背后，一定有一个正向的渴求，但是她没有能力帮助自己达成这个渴求，只是深陷在问题的泥沼当中，所以她只能通过告诉你自己不想去上学这样的方式来寻求帮助。

你的当务之急是了解孩子的核心诉求，她到底为什么突然提出这样的要求，而不是急着就此做出回应？"头痛医头，脚痛医脚"，我们都知道这是错误的，殊不知在和孩子相处的过程中，我们很容易不知不觉犯这样的错误。

🔑 生涯工具箱 ①

不妨来做一个小练习题，看看你对孩子的核心诉求是否有足够清晰的了解。

1. 请写出近期孩子让你头痛的表现或提出的要求（你对此感到不满）。

_____

2. 请根据刚才李盈的故事，试分析孩子这个行为背后的核心诉求，她希望通过这样的表现、要求来获取什么？

_____

逃避型的父母是最糟糕的一种父母。他们能够满足孩子的生理需求，有些甚至连这个都不能满足，比如那些实行定时定量喂养的父母让孩子饿得嗷嗷叫，但还是铁下心掐着点，等时间到了才喂。他们往往因为自己并没有得到过足够的心理呵护，而不由自主地忽略孩子的心理需求。

有一类父母压根就不知道怎么满足孩子的需求，他们就算看见了，感受到了，但是不知道，又不会。任由孩子"散养""放养"，这种情况下长大的孩子，会比较看重自由，与其说是自由，不如是一种浮萍的状态，像蒲公英的种子一样，飞到哪儿算哪儿，随遇而安。

还有一类父母更糟糕，他能看到孩子的需求，也知道如何去满足，但是他们觉得麻烦，或者感觉自己有更重要的事情需要处理，于是就拒绝满足孩子的需求。

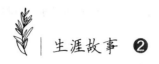 生涯故事 ❷

　　王思思是一个活泼开朗的女孩，小学、初中一直成绩优秀。可是进入高中以来，她的变化让所有人都很吃惊。她变得内向，不再主动积极与人沟通，老师、家长找她谈话，也经常问十句得不到一句回答，她也很少跟同学们进行交流。她的生活单调极了，每天除了学习就是学习，但是成绩也只是在中等水平。家长很着急，给她花高价请了家教，但是家教老师也反映孩子没有什么动力。

　　王思思的父母都受过高等教育，也看过不少育儿的书，但是他们并不愿意给孩子情感需求的满足。因为他们担心这样会把孩子惯坏了，他们需要一个乖巧、懂事的女儿，就像思思升入高中之前那样。当思思要求按照自己的喜好选购衣服的时候，妈妈明明可以满足，但是仍然粗暴地拒绝她，并批评她心思不正，这给思思带来很大的痛苦。因为她发现，无论她如何努力，也无法让母亲肯定和赞美。这正像她在学校人际关系上遇到的困难一样，无论她如何讨好别人，也始终无法让同伴认可。

　　逃避型父母所养育的孩子会感受到非常痛苦，安全感不足，所以很难发展高层次的需求。他们会害怕和他人相处，宁可在自己的工作岗位上兢兢业业、勤勤恳恳，与其把期待放在不可控的外部世界，还不如享受安宁的内心更靠谱。

　　逃避型父母本身也是非常不容易的，因为他们也并不愿意成为这样的父母，只是因为环境、经历等综合因素共同造就了这样的局面。当我们能够接纳这样的状态，并且明了它们形成的原因后，就可以更好地开启成长。孔子说："己所不欲，勿施于人。"当我们透过不同的生涯故事，看到孩子们和父母们经历的苦难和考验，我们就更容易与自己和孩子互动，我们会感受到怎样的行为是让自己和他人感觉不舒服的，那我们就可以探讨这些行为的成因。最重要的是，我们可以做些什么，来改善这些会带来不舒服感受的行为。如此一来，我们就有机会让自己成为更好地父母，给孩子的生涯发展和职业选择带来更多光明的前景。

生涯工具箱 ❷

不妨来做一个小练习题，看看你是否经历过用逃避型方式的对待或者曾经用过这样的方式对待你的孩子。

1. 请写出你记忆中逃避型的对待经历。

_____

2. 在这个经历中，你的真实感受如何？请给带来这种感受的那个成人写下一段话，表达你真实的渴望。或许你没有机会当面跟他（她）说，但是写出来也一样有效果，想象他（她）就坐在你的对面，不论你说什么，他（她）都可以接收到。

_____

3. 现在你的感受如何？如果仍然感觉不舒服，可以参考本书第七章第四节中的空椅子方法，帮助自己修复这个创伤。

_____

4. 请回忆你是否对孩子有过逃避型的回应方式。

_____

5. 每一个负面行为和情绪的背后，都有一个正向的渴求。如果你曾经有过对孩子的逃避型回应方式，请重新回到那个经验中，再次经历那个过程，看看在你对孩子看似无情的回应背后，自己的深层正向渴求是什么。这个梳理，会让你跟自己有更深刻的连接，当你可以跟自己更好地连接和互动时，你就有能力跟孩子更好地互动。

接纳型的父母是最理想的一种父母。他们既能够满足孩子的生理、心理需求和发展，又能够带着信任和爱适时放手，积极鼓励孩子独立发展，健康成长。当他们的孩子是多么幸福的一件事情呀……

带着爱接纳孩子的父母能够及时地看到并回应孩子的需求。他们既能够呵护孩子的心灵，又能够给他们树立规则。

对孩子奉行自由放任的状态，有时候孩子会无法接纳规则，因为自由惯了。

关于接纳型父母，有一个非常暖心的故事。

许多年前，有一个小男孩穿着漂亮的衣服在节日的庆典中欢呼雀跃，玩得十分开心，当他满身泥浆地回到家，冲着正在煮饭的妈妈大喊，"我要跳到月亮上！"妈妈停下手中正在忙碌的家务，对他温柔地说，"记得回家吃饭哟！"几十年后的 1969 年，人类历史上第一个登上月球的宇航员阿姆斯特朗对着镜头说："妈妈，现在我要回家吃饭了。"

阿姆斯特朗的妈妈就是典型的接纳型妈妈。近几年来，越来越多的研究已经证实，无论孩子是小婴儿还是小学生或者中学生，当孩子感觉到被接纳和被了解，从而能够在稳定、正向的情绪下生活时，智能的学习效果才会大。

学校，从人性的意义来说，不过就是家的延长线。当我们在家中给孩子提供足够的接纳机会，让他获得充足的安全感和自信心，他在家以外的环境中自然也可以健康成长。所以，当一个孩子的学业出现问题，在学校的生存与发展遇到挑战，我们首先须要检视，我们是否充分接纳他（她）。再昂贵的学费、再高级的环境、再顶级的教具、再优秀的老师，也无法替代善于接纳的父母给孩子身心发展带来的养分。

生涯故事 ❸

陈亚林目前就读于一所省重点高中，他的生活非常充实，每天都非常忙碌，生物社团、摄影社团、学生会主席团、读书会、帮困小组……有时候他会感觉到迷茫，跟父母、老师都谈过自己的困惑，每天很忙，但是似乎又不知道忙什么，挺快乐的，但一旦空闲下来，就会产生巨大的失落和空虚感，所以必须马上再做一些什么事情让自己忙碌起来。有时候也觉得很累，但是想到这是在为梦想打基础，为上一个好大学未来拥有一份好工作而做铺垫，他想，也许这是值得的。父母希望他能够多分一些精力在学习上，毕竟他目前的成绩离清华、北大这样的学校还差一截距离，但是沟通无效。

亚林的父母属于接纳型的父母。他们既有自己的教育观念和行为准则，也会尊重孩子的意见，并和他进行沟通、交流。在沟通没有取得良好效果，而又看到孩子苦恼万分的情况下，他们不粗暴干涉，也没有喋喋不休，而是选择送亚林到幸福学院进行专业的咨询，寻求专业帮助。

如何成为接纳型的父母呢？

第一步，父母须并肩成长，统一思想，明确教育孩子的原则和底线。这一点非常重要。就算是相濡以沫的夫妻，也往往在孩子的教育问题上有各自不同的想法和观点，我们无须完全改变自己或者对方，这是非常不现实的，有许多感情深厚的夫妻往往因为孩子教育的问题而闹矛盾，甚至发展到分手的地步，这是非常可惜的。**求同存异，是一个适用于家庭教育和沟通的实用原则，我们只要在大方向、重要的原则和不可触犯的底线上保持一致的观点即可。**这并非一两次沟通就可以实现，而往往须经过数次探讨和磨合。每一次孩子成长遇到问题和挑战的时候，就是最佳的契机，可以让父母平心静气坐下来，深入探讨，这些事件和问题背后反映当前我们的家庭教育中暴露出来的哪些问题，作为父母，该如何更好地统一意见和观念，为孩子的成长提供切实的建议。如果能够明确到这几点，父母就可以更好地整合自身和家庭的资源，为孩子的发展提供更坚实的家庭基础，也就更有力量和智慧支持孩子成长。

令人遗憾的是，许多父母并没有在这个问题上深入思考、沟通并达成一致意见，而是在问题出现的时候相互抱怨和指责，这样，只会加重孩子的内疚感，因为他会有意无意地认为自己是导致父母争吵、感情不和的根源，也会让孩子的问题无法得到及时解决。

能够让孩子受益终身的人际交往能力和幸福感是必须在人群中学习和发展出来的。家，就是孩子的第一课堂和终身课堂，一个从小被父母接纳的孩子，也就拥有了更多的机会去接纳自己和他人。

每个孩子，不论性格如何，不论气质如何，不论年龄多大，都更希望生活在人群中，尤其是气氛融洽、可接纳、认同的环境中。我们如果想要让孩子在学校有更好的状态、更优秀的表现、更快乐的生活，前提是帮助孩子发展出足够的自我接纳和认同意识，这样他们才能够在学校中拥有积极的人际关系。尤其是青春期的孩子，他们正处于自我意识建构和发展的关键期，非常在意自己和团体中的他人拥有怎样品质的关系。与父母的关系、与同伴的关系、与老师的关系，这三大关系的互动频次、质量决定孩子对学校与学习的喜爱程度和学习效果。其中，最为根本的则是与父母的关系。

第二步，明确与孩子建立关系的长期责任。父母必须要学习与孩子建立接纳的关系，发展与孩子的信任关系。这并非一日之功，须长期不断地学习、觉察和练习。许多父母不理解为什么孩子总是说自己不够爱他们，家长常常觉得非常委屈，明明自己已经付出所有能付出的，为什么孩子还是不满意？孩子在这些问题上从来都是非常直接，也非常真实和诚实的。请你相信孩子，他们不会撒谎。当你的孩子对你说，你爱我吗？或者他对你说，我觉得你不够爱我，我感受不到你的爱，这些都是他们真实的感受。请你在这个时候，一定要给予他们回应，例如，你可以说，"你是否可以告诉我，我怎样做才能让你感受到我爱你了？"或者你可以说，"你是不是很害怕我们不爱你了？"我们说"接纳孩子"，更多的是接纳孩子的情绪，许多家长会卡在这个部分，他们往往会发出疑问，"那孩子不写作业也要接纳吗？""他不停地玩游戏，这也要接纳吗？"在这里，我们说的"接纳"是指接纳孩子的情绪——比如，他们觉得写作业很无聊，我们接纳他们的无聊情绪，一起探讨，如何能让写作业变得更轻松更有趣；比如，孩子觉得压力很大，所以想通过玩游戏体验到轻松和兴奋的感受，我们接纳他们现在的压力状态，也接纳他们想要轻松和快乐的欲望；比如，孩子受到挫折回来哇哇大哭，或者在墙上写满了宣泄的句子，我们接纳他们此时此刻的愤怒、无奈、悲伤等情绪……接纳情绪，不代表我们就要接纳他们不合理的行为，但是，接纳情绪是第一步，当我们接纳了孩子的情绪，他们就会感受到自己被父母看到了，自己是安全的，情绪有了正常的宣泄通道，有了表达的出口，那往往这个情绪就会自行消失，当情绪回归到常态的时候，我们才有机会跟孩子探讨，有什么更好的解决方案和替代行为。可是，当一个人处在情绪中的时候，你是没有办法给他讲道理、提意见的，那只会让他们的情绪变得更加激烈。

第三步，我们需要跟青春期的孩子有更广阔的沟通话题和探讨空间。许多父母在这个阶段对孩子的关心还止步在嘘寒问暖的阶段，说的都是老生常谈的议题，比如吃什么、穿什么、买什么，比如今天学什么了、作业写完么，如果每次沟通时都讨论这些，那么很快孩子就不愿意对你敞开心扉了。**因为这个阶段的他们，需要寻求人生的榜样，需要探讨人生的意义，需要父母把他们当成独立的人、成熟的人来对待，来探讨一些更有价值、更高深的内容。**

这个阶段同时也是孩子世界观、人生观、价值观形成的时期，是职业生涯规划的关键期。有一个领域是非常值得父母和孩子深入探讨的，而且这个领域的话题会让孩子感觉很新鲜，他们愿意为此付出不懈的努力去进行尝试和了解，而对这个领域探讨得越多，了解得越多，就越有益于提升孩子们学习动力、养成学习习惯的同时改善学习成果，这个领域就是职业世界。

生涯工具箱 ❸

如何与孩子交流、探讨职业世界呢？可以参照表 1 - 2 中列举的方法。

表 1 - 2　探讨职业世界分类表

序号	渠道	优势
1	家庭职业生涯故事会	五星推荐，每个孩子都渴望了解父母更多
2	阅读书籍、报刊、影像资料	亲子共读，一举多得，推动阅读、理解、表达和生涯多项能力综合提高
3	参观、实习	将这个部分进行生活化、日常化处理，无论是交水电网费、商场购物、餐厅吃饭、旅游等，都可以应用第 4 条的方式进行职业世界探索，如果父母能够提供孩子跟随自己上班一天或者岗位实习的机会，会对他们有更多的帮助
4	生涯访谈	参考第七章目标澄清单
5	家庭职业知识竞赛	这完全是为日后填报志愿、选择学校和职业发展进行最佳预习和准备的环节

| 第二节 | **理想的丰满**

在《变形记》的几期节目中，几个来自城市的孩子主人公都出生在家境优渥的环境中，但或者是父母离异，或者是家长忙于事业，无暇关注孩子的情感需求，缺乏足够的亲子互动。这些孩子被交换到贫困的农村环境中，依然表现出我行我素的特立独行，藐视权威，对抗纪律，冲击规则，不断践踏他人的底线，处在青春期的他们，共同的理想是成为明星。

职业理想和亲子关系之间有怎样的关系呢？具体如图 1－1 所示。

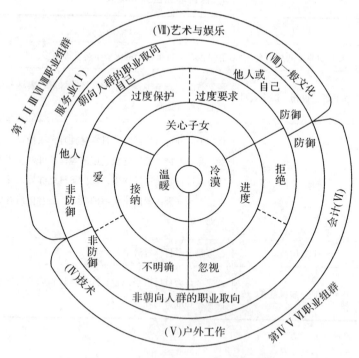

图 1－1 亲子关系与职业选择罗盘图

罗伊认为，人们所选择的工作环境往往会反映出幼年时的家庭氛围。如果小时候生活的环境充满温暖、爱、接纳或保护，很可能成年后会选择与人有关的职业，因为他们相信人们是可信的、有爱的，人们是可以沟通和交流的——服务、文化、艺术与娱乐或行政、商业等职业。

如果小时候生活在一个冷漠、忽略、拒绝或适度要求的家庭中，很可能会选择科技、户外活动一类的职业，因为这些职业以事、物和观念为主，不太需要与人直接、频繁接触，这样我们可以更安全地活在自己的世界中。

罗伊的这个职业选择罗盘可以初步预测一个孩子的职业行为选择。举例来说，如果一个孩子处在温暖的家庭氛围中，拥有接纳型的父母，他感受到足够多的爱，那么他会更容易、更倾向于从事与他人打交道的工作，形成非防御的交往方式，选择服务业、商业交易、组织机构、一般文化、艺术娱乐等职业的倾向很大。

这个结果并不是绝对的，尤其是孩子的青春期和中学生涯阶段，我们还有很多机会可以去帮助他们有的放矢地进行矫正和调整。

生涯工具箱

我们可以根据这部分的内容，对照表1－3、表1－4及自己的成长历程和职业选择，看看你的父母属于哪种类型？你今天所处的工作环境和你过去的成长之间又有怎样的关系？

表1－3　自测表①

亲子类型	情况	职业选择

_____

_____

作为父母，你给予孩子的是_____的家庭氛围。你认为他今天的
表现和行事风格和你的亲子类型、家庭环境又有怎样的关系？

表 1-4　自测表②

亲子类型	情况	职业选择

_____

_____

　　童年的经验与个体未来的职业选择极大相关。每一个家庭对于子女
的养育方式都不尽相同。由于养育方式上的差异，个人各种心理需求的
满足方式与程度也不同。父母的教养态度对孩子的职业选择有重要的影
响力，父母应该如何去做呢？

　　首先，父母必须认识到自己的教养态度非常重要，努力成为接纳型
的父母。无论过去你对孩子的态度是什么样的，你都可以从这一刻起，
开始学习与尝试。无论你的孩子目前的状态如何，你都要心怀感恩，因
为他是上天赐给你的礼物。接纳，是一切关系的起点，也是自我成长的
起点。

　　其次，尽你最大努力，让孩子从现在开始去发展自己的职业兴趣和
能力倾向，你只要做他们温暖的陪伴和支持者。做到这一点并不容易，
因为我们太习惯喋喋不休和评判。然而，我们必须记住，唯有如此，孩
子们才可能发展出对终生择业的正确观念、自主选择的能力，以及积极
主动承担起选择的责任。毕竟，这是他的人生。

　　再次，这个过程虽然艰难，但它是必要的。这不仅是我们放手让孩

子成长的起点，也是我们自身成长的起点。因为我们自己在成长的过程中也不可避免地留有一些未被满足的需求。养育孩子的过程也是我们重新跟自己、重新跟父母进行连接的过程。陪伴孩子的过程也是我们遇见、疗愈自己受伤内心的过程。

过度保护条件下长大的孩子须适当保护自己；过度要求条件下长大的孩子须慢慢相信这个世界上是有真爱的，如果被忽视和拒绝，千万别就此开始怀疑整个世界和人生，因为我们可以成为更温暖的个体，疗愈自己也温暖他人。

有些家长，因为自己过去情感需求未满足，很容易重复当年的命运，用工作狂掩盖内心情感的需求，而同样漠视、忽略孩子的成长需求。你须真实地面对自己，用你对自己的温暖来给孩子最好的教育——教育并不一定是惊天动地的，最好的教育就是生命的本真教育，是润物细无声于任何一个生活的细节，你将自己逐步完善和提升，他（她）就会看在眼里记在心上，从而默默汲取来丰富自己的生命。

我曾有一个来访者，她在6岁以前被父母寄养在别人家里。很长一段时间里她都不敢去触碰6岁以前的生活情境。为了让她的内心得到温暖和爱，无意识的她选择了成为一名幼儿教育工作者，在和孩子们相处、工作的过程中她得到了极大的慰藉和满足感，从而也将自己过去所欠缺的那份温暖和爱恰到好处地予以补偿。她在和那些孩子共同成长的过程中也慢慢接纳了父母，开始懂得父母当时做出那个决定的艰难与纠结的心情。这段生命经历因为重新认知，给她的生涯发展带来正向的影响，反而成为她的一份宝贵的生命财富，因为她深深地懂得接纳他人是多么重要，又是多么值得珍惜。

这个案例也以它鲜活的生命力告诉我们，学习这个理论，不意味着亲子关系百分百决定了一个人的生涯发展，毕竟在漫长的一生中，那只是一小段经历，它的确会对我们产生深远的影响，但并不意味着我们完全要沉沦其中而无法自拔，我们有很多方式可以修复那时候的创伤，也有很多方法可以慢慢改进不足的地方，无论为自己还是为孩子，我们都需要学会客观理性地看待家庭环境、亲子关系对职业选择的影响。

有段话流传甚广：

你既不是父母的续集，

也不是你儿女的前传，

你就是那个独一无二，

要为世界带来精彩的你。

| 第三节 | **未雨绸缪**

中学阶段的孩子只有一少部分对自己的未来有非常清晰的设想，按部就班、踏踏实实地往前走，坚定而从容。更多的孩子是非常迷茫的，要么对未来没有什么想法，当一天和尚撞一天钟，无聊而茫然；要么对未来有想法，但是当下缺乏行动，焦虑而犹豫；要么整天忙碌，看似充实实则慌张，像无头苍蝇到处乱撞，却始终无法清晰定位……面对这样的情况，家长和老师要么苦口婆心相劝，要么无可奈何随他去……事实上，这些问题都可以通过职业生涯规划进行有效的处理。

生涯，英文是 career，来自罗马字 viacarraria 及拉丁字 carrus，本意均为"古代战车"。在希腊，这个词意为疯狂竞赛的精神，常当作动词使用。在西方社会，"生涯"这个词隐含着未知、冒险等精神；在中国，它被翻译为"职业生涯""职业"或者"生涯"。

常常有很多人因为这个概念的中文翻译产生误会：有人说，我无须换工作啊，不用规划职业；有人说，我还读书呢，离工作还有好多年呢，不着急规划；更有人说，我对自己挺了解的，而且我最讨厌计划了，制订的计划从来都完不成，看来我也不需要什么职业生涯规划了。

事实上，在中文中，生涯规划＝职业规划＝职业生涯规划，这个翻译的结果不太贴合实际生活，所以造成了许多误会。它的基本意思有点类似于我们常说的人生规划。

如今，人们越来越认识到，生涯不仅仅是指从工作开始的历程，又是终身生涯观。

我们以钱锺书的夫人杨绛先生为例，来说明生涯的四个特征。

（1）终身——杨绛先生小时候，有一次，父亲问她，"让你3天不读书怎么样？"她说："过不了。"父亲又说："那一个星期呢？"答曰："那一个星期白活了。"杨绛先生这一生都在孜孜不倦地读书、写作、整理，无论是小时候，还是远赴海外陪伴夫君深造，或者是今天一百多岁高龄，学习就是她一生的主题。

（2）独特——杨绛先生和夫君钱锺书相亲相爱，同背诗，共读书，但是发展的方向和擅长的领域并不相同。她的先生写出了经典之作《围城》，而那段被许多人津津乐道的名句"围在城里的人想逃出来，城外的人想冲出去。对婚姻也罢职业也罢。人生的愿望大都如此"，就出自杨绛之手。她淡泊名利，几近"隐身"，几乎婉拒一切媒体采访，将800多万元稿费和版税悉数捐赠母校清华大学……

（3）发展——47岁时，利用大会小会的间隙期，自学西班牙语，翻译了《堂吉诃德》，又跟随一位比利时夫人学习了令清华教授点赞的流利法语，晚年一直在整理钱锺书留下的笔记，90多岁时又开始翻译柏拉图的《裴多篇》，96岁高龄时创作《走在人生边上》并出版……

（4）全面——杨绛先生曾得婆婆评价：笔杆摇得，锅铲握得，在家什么粗活都干，真是上得厅堂，下得厨房，入水能游，出水能跳……她能谈月琴，善吹箫，工昆曲，还写出了不少脍炙人口的剧本，会翻译，能写小说……夏衍曾说"你们都捧钱锺书，我却要捧杨绛"。

由此，我们能够直观地看到生涯发展的多维度空间：每一个阶段都不是孤立存在的，而是彼此影响、相互连接，每一个角色也不是孤立存在的，一个健康的生涯主人是可以游刃有余地在不同角色和身份间自如切换的。

生涯规划有三个积极目的：突破障碍、开发潜能和自我实现。借用哲学的三个终极问题来描述生涯规划到底是什么，可以解决什么问题，如图1-2所示，分别是：

·Who 我是谁？——了解我的价值观、兴趣、能力、性格、资源等。

·Where 我要去哪儿？——明确我的目标：短期、中期、长期、生活、学业、专业、职业……

·How 我如何去那儿？——确定行动方案。

生涯规划可以让我们尽可能地规划未来生涯发展的历程，在综合考虑个人的智能、特点、价值，以及阻力的前提下，计划未雨绸缪，调整、摆正自己的人生位置，真正成长为自己希望成为的样子。

1. 生涯规划不是为了将目标钉在墙上一丝不苟地去执行，规划是为了把握当下，更好地拥抱变化。

这是一个三千年未遇的好时代，发展迅猛，机会猛增。从来不缺少机会，只缺乏有准备的头脑。我们为人父母、为人师长，须掌握更多的技能和方法，来帮助我们的孩子们，尽可能把握自己，尽可能追随潮流

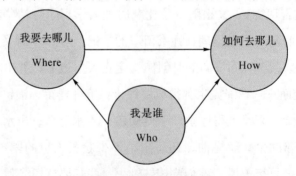

图1-2 生涯规划极简图

的发展方向，制定最适合于孩子和我们的规划。

事在人为，但也要看天时和地利，我们有可以把控的部分，也有不能改变、无法操控的部分。脚踏实地，仰望星空，制定最适合的规划，就是最佳的生涯发展。

2. 生涯规划可以让我们既能发挥个人主观能动性，扬长避短，又充分考量客观现实的机遇与挑战，制定最优路线。

如果你的孩子一直向往到大洋彼岸深造，他的各方面条件也都符合，但是你们家目前的经济实力还不够支撑自费出国读本科，或者你和伴侣沟通觉得这并不是一个现实而划算的选择，那么，你们可以帮助孩子重新调整努力方向，争取在国内（可以选择香港等）读一个好的大学，提前准备，争取本科阶段就有机会通过选拔参与公费交流海外学习。

3. 生涯规划可以让我们认清自己，准确定位，活得从容而明白。

孩子说："妈，我能不写寒假作业吗？"你问问他，在这个问题上，他说了算不？没有决策权，就乖乖写作业，写完作业爱放鞭炮放鞭炮，爱看电影看电影。如果有决策权，那就问，能不能承担后果？老爸准备了竹笋炒肉，老师准备严厉批评，能承担后果，就放开膀子迈开腿，这个寒假使劲儿玩。

有的学生不喜欢某个老师，回家抱怨，问题是，这是你该管的事儿吗？在老师的去留问题上，学生并没有决策权。有的学生说，我就看我们班那个谁谁谁不顺眼，不喜欢他，不想跟他一个班。当我们不能改变环境的时候，只能接受并不断提高自己对环境的适应能力。可是，许多父母从孩子小的时候开始就不断以孟母三迁为榜样，今天搬家，明天给孩子换幼儿园，后天又组织家长告小学班主任……这种一切父母包办，不断满足孩子所谓健康成长的需求，不过是自欺欺人罢了。以后他走到社会上，早晚都要面对这一切，那时候，你又如何为他一手遮天，保护他不受一点儿伤害呢？

人生的很多痛苦来自贪婪之心。为人子女的，又想父母娇宠，又想不劳而获，怎么不去照照镜子呢？为人父母的，又想孩子成龙成凤，又想他们不吃任何苦头，那得问问，你遗传给孩子的智商情商如何，给孩子留下的家底有多少，平时在孩子面前身体力行的都是什么，能不能成为一个润物细无声的好榜样？

4. 生涯规划可以帮助生命个体确定清晰、适宜、高效的生涯安排。

简单来说，它可以让我们活得更明白、更开心、更幸福。无论是大人，还是孩子，会发现留给工作（学习）的时间非常有限。有时候我们忙忙碌碌，回想时突然不知道自己在忙些什么，似乎离梦想更远了，或者那个梦想实现了，却又觉得并不是自己真心想要的。

因为岁月对任何人都是公平公正的，从来不会多给谁一分钟，也不会少给谁一小时。那么，如何将有限的生命发挥无限的动能以创造无限的精彩人生呢？答案是生涯规划能够带给你的从容和惊喜。

每个生命阶段的任务不同，我们要在生涯规划相关理论、技能、方法、工具的帮助下，将该阶段的生涯目标清晰化，盘点这个阶段我们所拥有的各项资源与能力、面临的机遇与挑战，通过精细的计划来确定最适合我们当下的路线安排，从而使我们能更好地完成该阶段的既定目标。在此过程中，不断提升我们的生涯成熟度、生涯满意度，发展各项必要的生涯能力，为下一个生涯阶段和总体生涯目标打下坚实的基础。

它可以帮助我们彼此之间更深入地了解，更紧密地团结，从而有更融洽的关系。

🔑 生涯工具箱 ❶

生涯规划的作用请见表1-5。

表1-5　生涯规划的作用

序号	生涯规划对中学生	生涯规划对家长、老师
1	明确生涯目标	
2	优化行动方案	
3	评估特质和优势	
4	科学定位学业发展	科学定位职业方向
5	增强竞争力	增强职业竞争力
6	评估目标和现状的差距	重新认识自身价值并增值
7	拓展成长空间	发现新的职业机遇
8	实现生涯平衡，提升综合生活品质	

生涯工具箱 ❷

五大生涯能力：

1. 提升生涯认知能力。

生涯认知对于个体非常重要。我们常说"人贵有自知之明"，就是这个意思。当我们能够清晰地认知自己，就会活得更加从容、更加幸福、更加心满意足。困顿、问题、迷茫、痛苦，都开始于混乱、模糊的自我认知。

比如，一个内向的孩子你非让他去竞选班长，落选对他来说可能是好事，但是外向的你就会认为不就是帮着老师张罗点儿事，给班里同学服务么，有什么可难为情的，这么点儿小事都做不好，将来可怎么办？当我们对自己和他人的性格都非常清晰的时候，理解会变得更容易，沟通也会变得更顺畅。

一个擅长逻辑分析的孩子，你非要求他在表达的时候要饱含深情、娓娓道来、打动人心，这就是强人所难，纵然他可以通过练习提高这方面的能力，但我们必须在对他提出要求前，先综合评估他当前的能力状态，再看提出的要求是他正好踮起脚尖就能碰到的，还是终其一生努力都不可能实现的。

一个把服务他人作为自己使命的孩子，你阻止他为班级奉献，无异于斩断了他生命的活水。当你强行把自己的价值观强加在他身上的时候，他除了对你深深地失望，就是对自己无法满足你的期待而产生的深深愧疚感，在这两股合力的作用下我们很难想象他会有多么痛苦……

我们往往能看清楚别人在揠苗助长，却忽视了自己也在某种程度上摧残着孩子的自信心，不知不觉成为他们前进道路上的绊脚石仍不自知，反而还捶胸顿足地哀嚎自己的孩子怎么就不能理解自己的一片苦心，似乎自己的付出没有得到期待的回报简直比窦娥还冤……却不知道，你的孩子在不知不觉中为你做心灵反哺早已经走得精疲力竭……

爱孩子这事，并不是怀胎十月乳汁喂养天生就会的。极少数人是生而知之，平凡如你我，必须通过学习、实践、调整来真正去爱。所以，在你明白清楚自己的生涯认知前，还是暂时先收起泛滥的母爱吧。

以思思的案例为例，思思的父母在她的学习上投入了许多精力、金钱，但是在思思的性格、兴趣等方面很少关注。他们也比较少给思思积极、正向的肯定和赞美语言，习惯用批评、指责的方式来表达对她的关心和期待，再加上思思本身比较关注外部评价，造成了思思很长一段时间处在自我认知偏低的状态，严重影响了她生涯认知能力的发展。

亚林也是缺乏清晰的自我认知，他有能力，而且兴趣比较广泛，似乎有些迷失在忙碌的社团生活中。如果他有更为清晰的自我认知，能够根据价值观的优先级，而优化时间管理方案，那么他的生涯满意度就会大大提升。

2. 提升生涯平衡能力。

每个人在生命的某个阶段都不是独立存在的，漫漫生涯路，每个人都有多重角色，你是母亲、女儿、伴侣、职场人士、休闲者……你的孩子是学生、孩子、朋友、休闲者……有时候可能你把心思更多地放在家庭上，很可能会迟到、早退、请假，部门主管会单独找你谈话提醒你注意职场形象，有的时候你可能太追求工作的进度而忽视了人际关系，一不留心吃了个哑巴亏……

你的孩子可能太爱学习埋首于书堆而对社会上的人情世故、时事热点知之甚少；他也可能光玩得开心、玩得尽兴而忽略了学习，成绩大幅度下降；他还可能光提升成绩了却忘记了情感需求，最后发现难过的时候想找个朋友倾诉居然没有备选对象；也可能是学校里呼风唤雨受尽欢迎的交际达人，学业上却表现平平……

对于中学生而言，生涯平衡能力是非常重要的。这往往会直接影响到他们的学习状态、成绩表现及人际关系。我们看到，思思在学业发展上原本是非常顺利的，然而，当她无法在青春期拥有良好的人际关系时，她的生涯发展就严重失衡，直接导致她学业的表现直线下降。

亚林的生涯平衡能力有待提升，在兴趣爱好方面投入的时间比重过大，目标是冲刺名校，目前的成绩还是有一段差距的，他须在学生这个角色中投入更多的激情与行动。为什么会沟通无效呢？因为父母和老师更多地是站在过来人的角度，苦口婆心地劝告，这往往无法打动孩子们，必须站在他们自身生涯发展的角度找到击中他们内心需求的点，才能够有效果。

李盈的健康出现了状况，并且严重影响她的生涯发展。这是一个典型的生涯发展失衡的案例。好处是，越早发现，问题就可能越早从根部解决。如果拖到大学、进入社会后再发现、处理这些问题，那么难度会更大。

作为父母和老师，我们须关注到孩子在青春期的每一个生涯发展需求和他们面临的角色，他们不再仅仅是我们的孩子、学生，不仅须承担学业任务，还有身心健康发展的要求，同时也开始面临复杂的人际关系和社会交往，如果缺乏有效积极的同伴支持，他们往往会失去生涯的活力，而饱受煎熬。

3. 提升自主决策能力。

你平时是怎么决定的？是果断型，还是摇摆不定型？是清醒型，还是纠结型？

你的孩子有什么决策风格？他是长不大的孩子，需要你给他拿主意？还是从来都是先斩后奏？亦或是亲子关系和睦有商量？

我们确定了人生目标，分清了阶段任务，掌握了决策方法，可以轻轻松松做出最适合自己的决策，即要不要给孩子报课外班，还是将来送他去哪儿读书。

思思在一些事情上是没有决策权的，比如已经升入中学了，然而发型、服饰这样的生活任务决策权还是掌握在妈妈手中，这也会削弱她的生涯决策能力，因为她缺乏在实际生活中大量练习和实践的机会。

亚林和李盈都拥有自主决策权，但显而易见，他们的自主决策能力是存在问题的，因为任其发展下去，只会带来更多的麻烦。一个恰当的决策可以带来积极的发展，而不是层出不穷的麻烦。

作为家长和老师，我们既须充分信任、尊重孩子，给予他们一定的生涯决策权，也须履行未成年人的监护权，给予他们充分的支持和帮助，在发觉出现问题或者可能引起状况的时候及时干预，并寻求专业支持来调整目标或行动，提升孩子自我决策的能力，以便他们能够在面临选项的时候找到最适合自己的一项。

4. 提升环境适应能力。

当你新换了一个工作或换了一个新领导，你会怎么办？

当新的高考政策下来，你又如何打算？

当大部分地区被雾霾笼罩的时候，你心里有何感想？是准备移民海外，还是增加几个加湿器、净化器？还是心中万马奔腾，最后回归现实？

当孩子回来抱怨说考场纪律不好受影响的时候，你打算如何安慰他？

……

大环境、小环境的挑战永远不会停止，当我们无法改变环境的时候，就必须学习如何提高自己的适应能力，不论是日益恶化的生存环境，还是竞争加剧的职场世界，还有复杂不可预测的人际关系……

不妨就从你的亲子关系开始吧！一屋不扫，何以扫天下。

思思的生涯发展问题是典型的环境适应不良问题。仅通过单一的补课手段是无法有确实帮助，并获得明显成效的。

李盈的问题表面上看是健康问题，本质也和思思的状况类似，都是因为自我适应环境的能力不足。

5. 提升自我管理能力。

为什么新年计划从来执行起来不会超过两个月？

为什么说好的升职加薪计划又没有实现？

为什么孩子天天说要背单词，一检查，还是喊"不会"？

为什么她说要减肥瘦身，一称重，反而还多长了几斤肉？

……

有无数的畅销书教我们如何制定目标，如何管理时间，如何制订行动方案……但是无论多么美妙的目标，多么完美的方案，如果没有行动，一样也不过是镜中花、水中月。

思思和李盈最须发展的是自我管理中的情绪管理和压力管理，而亚林则须学习自我管理中的时间管理。

如果孩子具备了 5 个能力，那不需要谁再去催促、监督，他自己就完全可以完成。

所以，不仅孩子需要生涯规划，每个人都需要。生涯规划并不是一经制定就一成不变，因为在每个生涯阶段，我们都会遇到新的挑战与机遇，随着年龄的增长、阅历的增加，自我认知、价值观、兴趣等也可能在不断地发生变化，每个阶段所扮演的生涯角色也会有增减。无论如何，通过生涯规划发展以上生涯能力，这些足以应对我们遇到的任何类型的生涯问题。

第二章

Chapter Two

学业规划的重点

给 孩 子 最 好 的 未 来

| 第一节 | **子承父业天经地义？**

在人类发展历史上，职业生涯规划在不同的时期表现出以下不同的规划类型。当然，每个历史阶段并不只是存在某一种规划类型，而是会以某个类型为主要表现特色。比如，在漫长的自然经济时代中，表现最多的就是子承父业型，我们可以看到很多职业、阶层都具备这样的特点，甚至无论是哪个文化、体制主导的地域和时代，都能够见到这个类型。在今天，子承父业仍然可以在许多领域中广泛存在，比如祖祖辈辈面朝黄土背朝天，世代耕作在同一块土地上，比如书香世家、中医世家等。在新中国成立初期，举国上下体现出来的更多是服从分配型，人人都以为人民服务为己任：甘愿做社会主义的一块砖，哪里需要哪里搬；甘愿当社会主义的螺丝钉，哪里需要拧哪里。知识分子的上山下乡就是那个时代的鲜明特色。改革开放以来，社会主义市场经济不断发展，生涯态势也是呈现得千变万化。起初，有一部分人成为了临阵磨枪型，被时代的洪流卷携，临阵磨枪，磨出了不一样的生涯发展，比如主动砸破铁饭碗，投身商海，缺啥补啥，捞到人生第一桶金。当市场经济遇到互联网，越来越多的人们开始准备成为未雨绸缪型，人们开始意识到，变化也许是这个时代唯一不变的，规划可以帮助我们更好地应对变化（见表2-1）。

表2-1　不同时期主导的生涯规划类型

序号	生涯规划类型	典型表现与信念
1	子承父业型	接班人，命运的传承与轮回
2	服从分配型	社会主义一块砖，哪里需要哪里搬
3	临阵磨枪型	临阵磨枪，不快也光
4	未雨绸缪型	规划，是为了更好地应对变化

对于中学生，生涯规划更多表现在学业规划上。经调查统计，我们发现，目前中学生的学业规划类型主要可以分为以下几个方面（见表2-2）。

表2-2　中学生学业规划类型

序号	学业规划类型	典型表现与信念
1	父母包办型	父母规划，子女执行，初期合作愉快型
2	天马行空型	喜欢什么学什么，想干什么干什么，天马行空，无拘无束
3	盲目从众型	别人学什么，自己就学什么，无主见，无规划
4	不切实际型	思想的巨人，行动的矮子，梦想永远都只是梦和想
5	自主规划型	有的放矢，从容不迫，发挥最佳的状态

作为中国人，我们对家谱并不陌生。生涯家谱，就是通过对家族三代人的生涯家谱绘制，以确定成员之间的基本信息和互动关系，以及一些隐藏的动力影响。对于中学生而言，越早绘制生涯家谱，就越能够明确家庭、家族对于自己生涯选择、生涯表现所产生的影响。

儒家讲"修身，齐家，治国，平天下。"家规对每个人的生涯发展有着不可磨灭的影响，同样，我们处在家庭关系、家族系统中，也不同程度地会受到一些事件、信息的影响。任何一个个体的成长和发展，都不能够脱离组织和结构去谈。

在很多生涯规划的个案中，我们都能够看到这样的情况：孩子在中学、大学阶段，遵从父母的意见，选择某一个专业或者发展方向，然而数年后，他们感觉到并不开心，缺乏生命力和活力，并不完全是因为工作环境不舒服，工作待遇不理想，工作内容不感兴趣。在绘制生涯家谱图的过程中，能够看到非常清晰的来自家族期待的影响，所以在这种无意识的影响下，他们最终选择的并不是自己感兴趣的部分，而这种并不自知，也让他们一直缺乏能够觉察和突破、改变的机会。

生涯故事

有个女孩成绩一直优异，考入了某著名大学，获得博士学位，毕业后顺利进入一所重点大学从事科研工作。但是，她一直感觉不开心，总是试图寻求突破和改变。在绘制生涯家谱图时发现，她的祖父曾经是小有名气的科学家，然而历史的浪潮改变了家族的命运，她的父母都没有工作，靠卖废品为生。作为唯一的孩子，她被整个家庭寄予了厚望，虽然从来没有人跟她讲过要努力学习，要冲刺高学历和高学位，但是冥冥中她就这样做了。但是她真正感兴趣的是销售类的与人打交道的工作。在明白这一切后，她跟父母非常坦诚地沟通，父母非常惊讶她一直饱受着心理压力的折磨，并表示无论她选择从事怎样的工作，他们都是无条件支持的。后来她提出了转岗申请，从事学校科研产品的销售和推广工作，整个人的精神面貌、工作状态和生活质量都极大地提升。

还有一个男生，他一直觉得自己应该选择文科，但是父母都明确表示希望他能够选择理科，最好大学的专业也能往理工科方向走。他的父母都是工程师，他们认为理工科的工作更适合这个家庭出来的孩子，不需要特别多情商，相对简单，更容易在学业事业上取得成就。由此产生了矛盾，谁也不肯让步，不肯妥协。后来找到幸福学院做生涯规划咨询，在生涯家谱图的绘制中发现，原来外祖父曾经的理想就是成为一名文字工作者，后来阴差阳错，做的工作也是偏理的，他一直深深以此为遗憾。当以生涯家谱图来做分享和沟通的时候，孩子和父母很快达成了一致意见，做出了更为适合的生涯选择。

这样的例子并不少见，在每一个人的生涯发展中，都能看到原生家庭和家族系统打下的烙印，只是浓淡不同，影响的程度不同而已。一个人的思维模式、性格色彩、人格特质、行为语言等都是在家庭中塑造出来的。生涯家谱图看似简单的线条、图形，隐藏着大量可供探讨的信息，这些都会为我们的生涯发展提供宝贵的经验和可供参考的素材。

🔑 生涯工具箱

为了更好地帮助孩子使用这个工具，我强烈建议读者朋友们先为自己绘制一个生涯图谱。先画出父母这一代，再画出自己这一代，最后是祖父母这一代。〇代表女性，□代表男性，每个图形下方标注姓名与工作，图形上方标示出生日期。如果有人已经去世，用×在图形里标示，图形上方同时标示出生和离世日期。

未出生的孩子、堕胎、流产等情况也须标注清楚，婚姻的不同状况，是否收养、领养孩子等，如果有发生，也须在生涯家谱中标示清楚。

生涯家谱图绘制出来后，更重要的工作在等待着我们，我们须透过语言交流和故事讲述，来为个体的生涯发展进行深入探讨。

1. 这张生涯家谱图给你哪些感觉和感受？

2. 家庭成员从事了哪些职业、行业？

3. 家庭成员是如何进入这些行业，获取这些职位的？

4. 他们是否有足够的生涯满意度和幸福度？

5. 哪些家族的经历、变迁、事件使某些职业、某些能力、某些荣誉等特别被重视，而成为家规中的一条？

6. 哪些职业发展的瓶颈、迷茫感、失误可能在不知不觉中被继承和遗传？

7. 家族成员是否有未完成的梦想、未竟的事业，给其他人带来了压力或期待？

8. 是否有哪段家族经历是不被了解的？那段时间到底发生了什么？是否有渠道可以了解到更多信息？这些未知事物是如何影响着家族的生涯传承的？

9. 家族成员是如何看待学习、工作与放松休闲之间的关系的？这些认知是否健康和平衡？

10. 家族成员是否有经历过重大生涯失衡（如职业病、忙于工作而导致婚姻危机等）？

11. 家族特别看重的价值观有哪些？

12. 哪些人际交往准则和互动关系在不知不觉中对我们产生了影响？

13. 生涯家谱图的分享和交流，对我们当下面对的生涯困惑提出了哪些新的问题？

第二节 | 孩子上学焦虑、考试焦虑，我该如何帮忙？

不论孩子年龄多大，不论是在学校期间，还是未来走向职场参加工作，都可能发生不同程度的焦虑情绪。焦虑情绪的原因可能是因为要开学（上班），也可能是因为要考试（比赛、考核、竞赛）等。

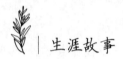

生涯故事

有个在浙江的学生家长最开始找到幸福学院，就是咨询有没有方法可以缓解孩子的考试焦虑症，因为孩子马上要参加高考了，作为妈妈，骨肉相连，女儿的任何情绪波动她都比任何人更清楚，她心疼，却又不知道可以为孩子做些什么。

我推荐她报名了学院的催眠微课，她每一期都特别认真跟着听，用课上学习到的引导语帮助孩子放松，不久，孩子的情绪状态明显平稳了很多，入睡很快，深度睡眠时间也很长，整个人的精神状态和学习状态也都好了很多。

高三下学期开学前，她发现孩子有明显的焦虑症，寒假作业虽然已经努力完成，但是还有一大堆需要预习的功课和堆积成山的试卷。女儿经常发呆，做题的效率明显下降，还出现了低烧的状况，好几次女儿拉着她说，"妈妈，我不想读书了。我是不是很没用？"她很是担心。女儿一直成绩还不错，怎么会突然有这么大压力呢？作为妈妈，到底怎么才能帮到她呢？

在万般无奈下，她再次拨通了我的电话，因为她没有办法请假带孩子来北京接受面对面咨询，所以，我建议她直接针对孩子目前的症状表现进行催眠暗示来调整。

孩子曾经跟她说过，感觉自己就是一只离群索居的丑小鸭，漫无目的地漂泊在学习的海洋里，一个试卷的浪头打过来，打得她呛水不止，又一个统测的浪头打过来，打得她翅膀受伤，都快沉到水里……挣扎着浮上来，不停地扑腾着，以确保自己不再呛水，可是，不断还有更多的浪头打过来……她感觉丑小鸭要没有力气了，可能坚持不到终点了……

生涯工具箱 ❶

我请孩子的妈妈教女儿先做腹式呼吸，这是一种放松肌肉、摆脱紧张的简便方法，随时随地都可以使用，坚持练习，会给身心健康带来极大的好处。

想象你的面前有一朵漂亮的花，它散发出你最喜欢的味道，现在，请深深地嗅一口花香，把这沁人心肺的芬芳送到你的鼻腔里、喉咙里、胸腔里，一直抵达你的腹部深处。每次的呼吸都是缓慢的、悠长的，每次吸进花香，你的肚子都慢慢地鼓起来，每一次呼气，你的肚子都会慢慢地瘪下去，肚皮一起一落，会让你感觉到更加放松，更深地吸气，让肚子慢慢地鼓起来，再缓缓地呼气，让肚子一点点缩回去，每一次深呼吸都会让你更加放松，每一次深呼吸都会让你的身心更加健康。

在开始写作业前、走进考场时、遇到难题时，都可以马上做3～10个腹式呼吸，腹式呼吸会帮助我们在最短的时间内恢复到冷静、从容的心理状态，此时再开始题目的解答会灵感如潮、事半功倍。

呼吸是人生大事，人靠呼吸存活，呼吸重要到几乎等于人生，然而，相当高比例的人大都只常用浅呼吸，只有 1/3 的肺经常使用，而另外 2/3 的肺往往积淀着陈旧的空气。腹式呼吸帮助我们激活全肺使用，帮助身体摄取更为充足的氧气，净化血液，促进脑细胞活化。

我在许多城市的初中、高中为孩子们授课时，明显发现一个班里有超过 2/3 的学生存在不同程度的紧张和焦虑情绪，他们当众回答问题时会有不同的紧张、焦虑的情绪，比如脸红、发抖、声音变化、语无伦次、手心冒汗等。许多孩子也明确表示知道深呼吸可以帮助他们缓解紧张更为放松地进行学习，但是他们并不知道如何进行深呼吸，也不知道深呼吸不仅可以应用在驱除紧张的情境中，还可以为健康的人生时刻工作。

健康的深呼吸是"缓缓"进行的，"深深"进行的，千万不要觉得这很简单，许多人都要经过大量的练习和持久坚持才能够真正掌握腹式呼吸的窍门。我大一的时候报名了科学发声和主持人培训班，才发现活了快二十年，居然一直不会正确呼吸，虽然小时候参加学校合唱团，曾经练习过一小段时间的腹式呼吸，但一直以为那就是唱歌时才需要的，退出合唱团也就把这种呼吸法扔掉了。后来练习瑜伽、学习催眠，都见证了许多同学在呼吸学习和练习上遇到的各种考验和困难，更深觉推广正确呼吸法的重要意义。

缓慢深深的呼吸法可以为我们带来 α 波，使脑波维持在 12 赫兹以下，能增进脑内荷尔蒙内啡分泌，有助于创造力开发和记忆力提升。

这个方法不仅适合于教给孩子们使用，也推荐各位读者经常练习，这对于管理情绪、改善亲子关系也有很大的帮助作用。

🔑 生涯工具箱 ❷

经过跟这位妈妈沟通后，我们一起设计了一个针对孩子缓解焦虑的催眠引导语，详情如下。

请用你最舒适的姿势坐着或躺下，轻轻闭上眼睛开始深呼吸。你做得非常好。吸气时，缓缓地把清新的空气带到你的腹部深处。呼气时用嘴将气体呼出体外。吸气时新鲜的氧气会滋润着你全身所有的器官。呼气时紧张焦虑的情绪会排出体外。

你做得非常好。伴随着慢呼吸，深呼吸，你的每一根头发都在放松，头皮下毛细血管里的血液也越来越有营养，不断呵护着你的每一根头发。感觉到头皮放松了，整个头皮带给你温暖舒适的感觉。这种温暖舒适的感觉让你的大脑放松了，是你从来没有经历过宁静舒适的感觉。这让你非常轻松、非常美好。

你的上眼皮慢慢地越来越沉、越来越沉，眼皮紧紧粘在一起，慢慢地想睁也睁不开，你非常享受这种闭目放松、轻松舒适的感觉。

你做得非常好。现在，发挥你更大的想象力，慢慢放松你脸部的肌肉，左边的脸颊放松了，右边的脸颊也放松了，前额放松了，下巴也放松了，每一块肌肉都在放松，每一颗牙齿也都放松了，上颚放松了，上嘴唇放松了，下嘴唇也放松了。你做得非常非常好。

放松你的脖子，感觉到脖子非常柔软，非常轻松。

你做得非常好。发挥更大的想象力，放松你的肩膀。肩膀上每一块肌肉都完完全全放松了。不论是谁在你的肩膀上放了什么，现在你都可以享受完全的自由权利，可以放心地将肩膀上所有的东西都拿下来，放在一边，我会好好帮你看守，你只需要享受这种完全的放松感觉，卸下这些沉重的包袱，你会感受到一种从来没有过的轻松的感觉。

你做得非常好。现在，我请你发挥你更大的想象力，伴随着深呼吸，放松胸部，每一块肌肉都放松了，你感受到深呼吸带来了清新的空气，整个肺部感觉非常舒服，新鲜的空气会更好地滋润着你的身体，滋润你的每一个细胞。

放松你的腹部，你感觉到，伴随着深呼吸，腹部充满了新鲜的空气，感受到腹部慢慢地鼓起，慢慢地落下，深呼吸会帮助你放松胃部、腹部的每一块肌肉，可以极大地改善你的胃肠功能，肚子里可能会有咕噜噜的声音，这声音会让你更加放松。任何的声音都会帮你更加地放松。

放松你的腰部、背部，感觉到有一阵阵的暖流经过腰部和背部，这让你感受到温暖，非常轻松，非常舒服。

放松你的臀部，放松你的大腿，放松你的膝盖，放松你的小腿，有暖流涌向你的脚心，脚心有一种微微发热的感觉，每一个脚趾感觉麻麻的、暖暖的，非常非常舒服。你做得非常非常好。

放松你的手臂、手掌，有一股暖流涌到了手心，手心有一种发热的感觉，每个手指感觉到麻麻的、暖暖的，这让你更加放松了。

你做得非常好。任何的声音和动作都会帮助你更加放松。继续保持深呼吸。

现在，我要请你发挥更大的想象力，想象你来到了绿油油的草地上，整个人沐浴在阳光下，你看到了蔚蓝的天空，看到了洁白的云朵，每一样美好的景物，都让你感受到轻松和美好的生命，每一次深呼吸都让你更加放松了。

你还听到了小鸟在悦耳地歌唱，每一个音符都让你的细胞变得更加放松。你可以充分地享受这一片美丽的风光，这一份轻松、愉悦、美好的心情。

你做得非常非常好。我会在这里陪伴着你，保护着你。想象你慢慢地走在这片绿油油的草地上，感觉到眼前一片光明，豁然开朗，感觉到心情越来越放松，就在这片绿油油的草地上自由地漫步，自由地享受着身边的美景，你看到的每一样景物都是你非常喜欢的，感觉身心越来越来轻松，越来越舒服。

你在草地上轻松地漫步。现在，你听到了流水的声音，你带着轻松的心情慢慢地顺着这声音向前走，不一会儿就来到了一条小河边，小河的水清澈极了，看到清澈的水，你感觉到更放松、更舒服了。你看到一只小鸭子在河里快乐地游玩，一会儿用嘴巴洗洗身上的羽毛，一会儿扎到河水里跟你玩起了捉迷藏，看到你发出了笑声，它更开心了，你感受到小鸭子的快乐，更加轻松了。

小鸭子跟你玩了一会儿，示意你沿着河边向上走，你走在小河边，看着小鸭子非常享受在河水里的每一个瞬间，它一会儿游出一道直线，一会儿开始了水上的舞蹈，有你陪伴，它更开心了，也更自由了。有了小鸭子的陪伴，你也感觉自己更轻松了，更开心。

小河汇流到了一个很大很美的湖中，小鸭子成功了！你也感觉到很开心，小鸭子一路游上来，那么轻松，那么快乐，你看到小鸭子找到了它的伙伴们，跟许多的小鸭子、大鸭子一起在湖水中央开始跳起了欢乐的、美丽的舞蹈。小鸭子冲你打招呼，呼唤你也到湖水里跟它们一起快乐地嬉戏和玩耍，它带着伙伴们游到你身边，陪着你一点点进入湖水中，你也变成了一只快乐的小鸭子，跟他们在一起快乐地游呀、快乐地玩呀、快乐地笑呀，你感觉到自己更轻松了、更快乐了……

你做得非常非常好。请你尽情地享受跟小鸭子在一起的这份快乐时光，尽情地在这份快乐中自由地深呼吸，尽情地在湖水中快乐地嬉戏，充分地吸收它们带给你的能量。

你感觉到全身越来越放松、越来越有能量、越来越有勇气，每一次深呼吸，你都不断地吸入你所需要的能量。现在，我会从1数到5，每数一个数，你的能量就会增加十倍。

1. 你做得非常好，继续深呼吸。伴随着深吸气，感受你的能量增加了十倍，整个人都感觉到精力充沛。

2. 你做得非常好。继续深呼吸，很好，你的能量又增加了十倍，整个人更轻松、更有能量了。

3. 你做得非常好。继续深呼吸，你感受到每一个快乐的小鸭子都给了你许多能量，你的能量再次增加了十倍，你感觉自己更加自信了。

4. 不断有小鸭子给你快乐的能量、给你勇气的能量、给你坚持的能量，你的能量增加了十倍，更充沛了。

5. 你做得非常好。现在你的能量充满了你全身的每一个细胞，伴随着深呼吸，你感受到身心愉悦，你有足够的能量、勇气和自信接受挑战，让自己更快乐、更轻松。

现在，你带着强大的能量，和小鸭子们愉快地告别了。它们一只一只都游到了你的心里，伴随着你深呼吸，和你整个融合为一体。你轻轻地伸出手，轻轻地放在胸口，感受到它们给你带来的能量和温暖。

带着这份能量和温暖，你再次回到了那片绿油油的草地上，感觉全身舒畅，充满自信和能量。

现在，我会从 5 数到 1，我每数一个数字，你都会变得更加清醒，当我数到 1，你就会带着充沛的能量和勇气睁开眼睛……

5. 你做得非常好。保持深呼吸，每一次吸气，你都能感受到更多的能量进入你的体内。

4. 每一次呼气，你都会感受到自己变得更加放松和清醒。

3. 每一次当你需要能量的时候，就可以深呼吸。如果你需要，可以将手放在胸口，感受到能量聚集在你的体内，随时听从你调遣。

2. 你渐渐地清醒过来，感觉全身舒畅、精力充沛。

1. 你完全清醒过来，睁开眼睛，感觉精力充沛，自信地回到你的生活中！

（如果是睡前给孩子做，可以将最后的唤醒部分替换为如下内容：

现在，我会从 5 数到 1，我每数一个数字，你都会变得更加放松，当我数到 1，你就会带着充沛的能量进入梦乡。

5. 你做得非常好。保持深呼吸，每一次吸气，你都能感受到更多的能量进入你的体内，这会让你的睡眠变得更加舒适。

4. 每一次呼气，你都会感受到自己变得更加放松。

3. 每一次当你需要能量的时候，就可以深呼吸。如果你需要，可以将手放在胸口，感受到能量聚集在你的体内，随时听从你调遣。

2. 你将享有一个高质量的睡眠。

1. 明天早上 6 点，你将从轻松的睡眠中完全清醒过来，当你睁开眼睛，感觉精力充沛，自信地回到你的生活中!）

这个引导语仅在孩子身上使用了一次，她就有了极大的变化，而且这个变化是当时就生效的。她完全摆脱了过去的悲伤、无力和忧郁的状态，精力充沛，充满了快乐，她不再觉得自己是那只不被人喜欢的丑小鸭，而是一只快乐优雅的小天鹅。

在她生日那天，妈妈为她买了一只晶莹剔透的水晶天鹅。孩子开心极了。

在这里，推荐各位家长、老师能够应用在孩子们身上。虽然青春期的孩子，看起来很强壮，他们也常常表现出自己的力量和本领，但是本质上，他们仍然是个孩子。想想看，在他们很小的时候，故事和想象力是如何帮助他们成功建构了自我，帮助他们拥有了许多快乐的时光。

在整个中学生涯阶段，孩子们经历的不仅有学业上的压力和考验，还有来自人际关系、社会交往等方面的压力和考验。他们常常不知道该如何跟这些压力相处，也不知道如何能够让自己获得面对困难的勇气和能量，因为希望能让成人认可，希望被当成一个大人对待，他们往往又无法开口求助，或者他们有了求助的信号，但是成人没有接收到或者接收到了没有办法帮助他们应对。

睡前的一个30~50分钟的催眠放松，是一个很适合也容易操作的方案。许多父母忙于工作，回到家操持家务或者继续加班，孩子们往往放学回来也非常晚了。一天到头，可能亲子间都说不上几句话。父母说多了孩子们会觉得唠叨，说不到点子上又会引起孩子反感。不妨试试这个催眠引导语，它会在不知不觉中为孩子们的心田种上希望的种子，浇灌力量的源泉，能够给他们带来全新的体验。

不少孩子在中学阶段容易出现焦虑紧张、入睡困难、多梦噩梦等情况，这个催眠引导语，都可以有很好的帮助。如果您工作特别繁忙，不妨利用手机或者录音软件将此录制成音频，在孩子睡前可以为他们播放。父母的声音是孩子们潜意识中最渴望听到的声音，父母在催眠引导过程中不断重复说"你做得非常好"，也是许多孩子内心深处的渴望，这对他们力量构建和自信心发展具有极大的好处。

有的父母试图直接跟孩子说学习要努力，考试要放松，但是孩子的意识层面和潜意识层面，对此都感受到很大的压力，很容易产生深深的抗拒心理，从而导致沟通失败，催眠时如果直接使用考试也很容易引起对方的阻抗心理，从而使得催眠无法顺利地进行下去。

这个催眠引导语，采用隐喻暗示方法：小鸭子溯游而上，就是不断努力、超越自我的象征，最终抵达湖水中央，与其他小鸭子欢聚在一起，表现的就是努力付出所取得的成功，实现了目标。在整个过程中，小鸭子都表现出了享受、快乐、轻松，这对很多被教育"学海无涯苦作舟"的孩子们来说是一种极大的心灵解放。因为他们不必在考试结束、学业终止才能享受到快乐。事实上，每一门功课、每一次作业、每一次考试，都可以是快乐的游乐场。

放松、积极的心态会对孩子们的学习有更大的帮助。

考试焦虑、紧张，不愿意上学、开学，不想写作业或是作业效率低下，这些都只是表现出来的症状，是表面问题。我们都说浇树要浇根，重要的是针对问题的根源进行处理，而不能单纯地头痛医头、脚痛医脚，在对孩子进行的催眠放松和隐喻暗示中，就是解决树木的根部问题，为她注入核心力量，才能真正帮助她改善症状，甚至使症状完全消失。

一般来说，考试焦虑症有以下几个产生来源：①安全感不足。自我价值低，缺乏客观坚定的自我认知标准。②来自家庭的影响。孩子看重成绩，希望以此赢得父母的肯定（可能父母过去要求比较严格，也可能父母没有施加压力，但是孩子本身追求完美，希望以此赢得父母的爱和认同）。③来自学校的影响。主要是老师和同学，更多属于人际关系范畴。孩子希望成绩提升、表现好，能够得到老师的青睐，能够在自己的交际圈里建立地位等。

当我把这几点跟那孩子的妈妈一说，她说，可不是吗，我女儿一直都是有担心的，她担心考不上好大学就不会有好工作，不会有好工作就不会有好的生活。

听到这里，我知道问题的根源了。这是孩子的心结，是她生涯发展、学业受阻的根本阻力，这个限制信念阻碍了她的发展。我继续问，是谁给了孩子这个信息？

妈妈不好意思地笑了，是我和她爸爸从小就给她灌输了这么一种观念。

在第五章，我会带领大家深入探讨影响生涯发展和规划的价值观，可以帮助各位了解造成孩子一些问题的深层原因。

第三节 | 孩子没有特长怎么办？

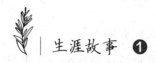

生涯故事 ❶

有一本称为《点》的经典绘本充分展示作为父母或教育工作者如何帮助孩子挖掘天赋，发现潜能，充分发展能力。

这个故事很简单，讲了一个小孩无论如何也不会画画，她好懊恼啊。这时候，耐心的老师鼓励她，让她随便画点什么。能画什么呢？她根本什么也画不好。她用笔使劲在纸上弄了一个点。老师会怎么说，大发雷霆，将画纸揉烂？都不是，出人意料的，老师说："请签名！"就这样，她的这个随便乱画的点居然被老师镶进画框，挂在了教室里进行展示。这太不可思议了。这个小孩说，我还能画出更好看的点。于是，她开始努力，画了一张又一张，画了一幅又一幅，她画出了各种各样各种颜色的点。这些点能做什么呢？没想到，老师为她的这些点竟然举办了一个展览，更莫名其妙的是这些点居然轰动了全校。

一个小孩儿小心翼翼无比崇拜地站在她的点前面。她走过来，说"请画点什么"。那个小朋友战战兢兢地说："可是我什么都不会画。你是怎么画出这么美好的作品的呢？"她说："请你随便画"，于是那个小孩颤抖着画了一条线，还是一条弯弯曲曲的线，她居然对那孩子说："请签名！"

这是一个非常温暖的故事。如果每一个父母和老师都可以像她的老师那样，在孩子心里种下一颗爱的种子，一颗相信自己的种子，那每个孩子都能成长得非常精彩！

《点》这本书最后有一句话：献给我的数学老师——马特森先生，是他鼓励我"画一笔"。正是这画一笔，成就了一位绘本大师——彼德雷诺兹！

根据生涯规划的技能理论，我们不难发现，天赋并不是一下子就可以被发现的，我们须在陪伴、支持、鼓励孩子尽可能去尝试的过程中帮助他找到他的天赋和才能，没找到怎么办？没找到并不代表没有，我们也可以通过《点》的办法，帮助孩子充分发展通用技能，也就是可迁移技能。对于那个举办了画展的孩子而言，美术能力并不是她在这个过程中收获的最关键的能力，而是她在这个练习的过程中收获了自信心和恒心，锻炼了意志力，这足够她迁移到任何领域，胜任任何工作，更重要的是，她也收获了一份爱的能力，能够开始关注像她一样遇到困难的小朋友。

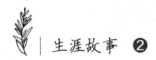

生涯故事 ❷

有个小伙子极其穷困潦倒。他多么希望能够找到一份工作啊！长途跋涉找到了父亲当年的一位朋友，希望能够投靠他，请他帮忙推荐一份工作，可以让自己远离困顿，能够养活自己。

当父亲的那位朋友问他有什么长处时，他连连摇头。这是多么遗憾的一件事情！于是，那朋友只好请他留下地址，以便有了合适的机会可以联系他。

当他写下地址转身要走之际，父亲的朋友拉住他，赞许地说："年轻人，你的字写得很漂亮啊！这就是你的长处啊。如果你只想找到一份糊口的工作，那真是大材小用了。"

这番话无异于晴天霹雳，他活到现在，从来没有想到过，把名字写得好也算一个优点。如果把名字写得好算作一个特长，那我应该还有更多的特长等待发掘。他立马变得神清气爽起来。

数年后，他果然写出了享誉世界的经典作品，成为法国著名的作家。这个人就是大仲马。

当我们为孩子没有特长、能力平平感到苦恼和困惑的时候，不妨想想这两个故事。李白早就在诗篇中提示我们，"天生我材必有用"。为人父母、老师者最重要的任务，就是支持和陪伴孩子，发展出他们生存、发展、成长所必要的能力。暂时没有也没有关系，我们还有大量的时间和机会去寻找、去发展。暂时找不到也并不可怕，我们可以先从当下能做的事情开始做起，比如练习一个漂亮的签名、做一道美味的食物……

生涯工具箱

帮助孩子填写表2-3。

表2-3　技能鉴定表

我喜欢	我会做（0~10）		
	擅长（7~10）	能做（4~6）	不会（0~3）
我喜欢（7~10）			
我可以（4~6）			

续表

我喜欢	我会做（0~10）		
	擅长（7~10）	能做（4~6）	不会（0~3）
不喜欢（0~3）			

第四节 ┃ 什么时候留学最好？

什么时候出国留学好？这是一个非常个性化的问题，也就是说，作为家长，我们必须知己知彼，才能对这个问题给出最适合孩子和家庭的答案。

对出国留学，我们须考虑以下几个问题。

1. 谁出国留学，是孩子单独去，还是父母双方或者一方陪同？陪同的方式是全职陪同，还是父母有公务或研究项目在身？

2. 出国留学的时间长短和性质是什么？是半年、一年的短期交流，还是3~6年的长期学习，毕业后准备谋求海外发展，甚至准备获得留学国家的公民身份等？

3. 出国留学学什么，目的是什么？为了提升语言能力，了解不同文化和生活环境，获取更多的资格及认证？

4. 如果出国留学的主体是孩子，那么孩子的性格、兴趣、能力、价值观等父母了解多少，认识多少，孩子的这些方面是否与留学计划相匹配？

5. 出国留学去哪里，选择什么样的学校，留学的规划具体如何制定？……

综上所述，什么时候出国留学好，是一个非常个性化的问题，父母和孩子必须经过系统、专业的梳理和探讨。留学和普通的学业规划有一个很大的不同之处，因为留学对于家庭的资产状况要求颇多，我们甚至可以说，如果准备送孩子出国留学，那么须制定整个家庭的职业生涯规划，而不仅仅是孩子一个人的学业规划。

2014 年年底，我的一个来访者从加拿大温哥华专程回国找我咨询，她的问题非常典型。在儿子读高中的时候，因为渴望给孩子更好的教育环境，同时也脱离大家族对小家庭的干预和制约现象，他们全家移民。夫妻两个人一个原本身居要职，车接车送，到加拿大后完全从零开始，进行保险代理业务的工作；另外一个则脱离了国内高校的管理岗位，在国外帮助一家公司负责金融业务的整合与管理工作。8 年前，他们的共同目标就是为了孩子升入加拿大好的大学，所以面对任何苦难和考验，他们都坚持下来了。如今，孩子已经升入最好的大学，并且有全额奖学金，生活费有国内的家族长辈进行资助。妈妈突然失去了生活和奋斗的目标与重心，整个人陷入了巨大的失落与抑郁状态。她很想回来，因为毕竟儿子在国外已经完全独立，不需要母亲再付出和照顾了。她看到国内曾经并肩工作的好友们如今都发展得非常好，也感受到巨大的失落感。然而，先生已经完全适应了国外的生活，愿意留在那里。未来的生活，该何去何从呢？

还有一个个案，家中兄妹两人都毕业于清华大学，后来又分别在父母的要求下进入美国的顶级名校攻读更高学位。最终，哥哥博士毕业留在了美国，妹妹也博士毕业，嫁给了日本某大学的教授，后来全家受邀到法国安居落户，妹妹生了 2 个孩子，全部由母亲帮忙照顾，父亲则留在国内的老家，一方面照顾家族的长辈，一方面也要定期飞到法国跟妻子和孩子们团聚。哥哥经常又心疼又埋怨地嘲笑父亲，说你费尽心思让我们考名校，又漂洋过海读书，如今您老与妈两地分居。这又是何苦呢？

　　我选取的这两个留学生的故事并不是从留学主人公的角度来分享的，而是着眼于他们的留学经历给整个家庭带来的巨大影响和变化，以此提示各位想要送儿女出国留学的家长，现今的时代出国留学已经非常容易就能实现生涯目标了，关键是作为家庭的掌舵人，我们是否能够从系统、全面的角度去分析和决策，怎样的规划才是最适合自己和伴侣以及孩子的。

　　仅以我咨询过的留学生及家庭案例来看，就有不少国内的学生到了国外后出现了水土不服的现象，既有生理的，也有心理的，有的孩子在选择学校时，没有把地理环境、气候等因素考虑进去，结果到了那边以后，浑身起湿疹，最后不得不休学半年，回国医治；也有的孩子习惯了在国内享受成绩佼佼者在老师那里的心理优势和集体特权，到了国外一个相对民主、自由的氛围里，老师对学生们基本上是一视同仁，无论你成绩十分突出，还是成绩平平，顿时失去了心理平衡，迷失了奋斗的目标，索性也懈怠下来，最终父母权衡再三一方辞掉工作，过去陪孩子读书……

　　无论是成人，还是孩子，离开我们熟悉的文化土壤和社会环境，很容易出现适应困难的阶段。学习方式、教育体制、评价机制、交往方式、生活方式、饮食习惯……这些都要求具有强大的适应能力和学习能力，才能尽快适应这些与国内完全不同的方面，既要适应新的，还要摆脱对既有方式的依赖心理和习惯，可以说是一个很大的挑战。

　　借助发达的社交媒体、网络，我们能够听到越来越多的留学生故事，身边也有许多人选择送孩子出去或者举家移民。我们了解到的都不过是片面的信息，既不用因此过于杞人忧天，也不要完全掉以轻心，更不能随便聊过几个留学顾问或者看过几篇文章，就轻易制定一个事关整个家庭发展的生涯决策。

　　对于本文开篇所提出的几个问题，我们将会在第五章中提供系统的理论支持和丰富的生涯工具，供家长们对自己和孩子进行全面梳理，这样才可进一步探讨这个问题。

本节仅从生涯规划中的文化、环境因素，帮助家长探讨出国留学的几项考虑因素。

近些年来，也有许多人专门研究跨国婚姻，发现很高比例的婚姻最后以离婚收场，并不是感情不在了，而是文化、观念、习惯的差异在生活的细节中最终磨掉了激情，损耗了耐心。以此为鉴，我们作为家长和老师，当然更要考虑到出国留学可能带来的冲击和影响。

青春期的中学生还处在自我建构、三观形成的关键时期，这些会对人的一生产生重要影响，甚至关键影响的部分还没有完全发展出来，突然进入另外的文化体系和社会模式，会给孩子的内心带来很大的冲突，很有可能带来自我认同的障碍。我们都知道，当一个人离开乡村进入城市，往往都会经历一段迷茫期，这还是在文化背景、制度背景一致的情况下，试想一个青春期的孩子如果突然就被放到一个差异很大的社会环境中，他可能会遭遇什么、经历什么？这段文字只是提醒家长一定要有这方面的计划，如果准备让孩子出国留学，这部分的心理建设和提早准备就是必修课。然而现实是，大部分的家长都忽略了这个部分，只看到目前社会发展和体制中不足的地方，只看到外面世界精彩的地方。如果一个孩子的身心是和谐的、内外是一致的，有健全的人格和健康的心理，有良好的学习能力和适应能力，那么，无论他在哪一个环境中，都能够健康、自然地成长和发展。如果一个孩子，他还没有这个非常重要的基础建设，我们就急于把他送到外面，或者他在自身的视角下积极地申请出去，那很有可能带来的后果不是我们乐于见到的。

在写本书的过程中，正是我受邀为国外留学生家长做留学后心理建设指南课程的时期，因为他们发现他们为孩子的前途做好了各种准备工作——资金、物质、学业……唯独心理建设这块忽略了。正好那段时间有四名留学生因为各种突发事件而失去了宝贵的生命，家长们突然意识到这个问题不能再忽略和回避了。

有一部分家长自身非常想要送孩子出国，但是往往孩子对出国却没有什么想法，甚至根本就不想出去。那么，这时候，家长必须反思自身，到底是怎样的动力让自己产生了这样的念头，除了出国，是否有其他的方式能够替代满足这部分的需求。

幸福学院的咨询师张玉国曾接待过一个来访者，这位母亲早早开始准备出国的语言学习和考试，她踌躇满志，美其名曰陪女儿出国，方便更好地照顾女儿的日常起居，却没有想到女儿根本不同意出国，她感觉非常不能理解，难道别人家的孩子不是都想着办法要出去吗，自己这么热心筹备出国事宜，怎么女儿还不领情呢？后来，在咨询的过程中发现，原来她出生后一个月就被母亲送到了爷爷家，因为爷爷当时在受批判，母亲想也许有个小奶娃在身边，工作人员会发慈悲，下手能够轻一些。果然，因为有她陪伴，爷爷和奶奶那近十年的时光得到了不少组织的照顾和心灵上的慰藉。当她长到快十岁的时候，才重新回到父母身边，但感觉到并不被这个家庭接纳，无论是哥哥还是妹妹，都常常在吵架的时候，冲着她嚷，"你走，回你自己家去！这里不是你的家！"她每次都非常伤心地抱起书包就跑……这段幼时的成长经历，对她的生涯发展造成的影响是巨大的，一个深刻的体会就是每一份工作她都做不长久，经常要换工作，无论工作的环境、报酬有多诱人，连她自己也说不上来，到底是为什么不停地在"放逐"和"流浪"。这份创伤到女儿渐渐长大时，又出来作祟，准备将自己和女儿一起"放逐"到大洋彼岸，但是女儿从小的成长得到的关爱是很充足的，女儿对未来的发展也有自己的想法，并不打算配合妈妈出演逃离剧。这些部分一点点呈现出来并被疗愈后，她无须为了满足幼小自己的渴求而不断逃离了，一度想离职的冲动消失了，让女儿出国留学的念头也消失了，可以更加安然地享受当下的生活和工作。

还有的家长是孩子特别想要出国留学，并且自身的各方面条件也都足够匹配，但是家长始终不能放下。这时候，往往就须检视家长的生涯发展历程了，一定是过往的一个或者一些经历让你在这个问题上产生了恐惧、担忧等情绪，所以，你没有办法过自己这一关，也就没有办法很好地支持孩子的生涯发展。事实上，是否出国并不重要，当我们把生涯视角局限在是否出国这样单一的生涯选择上，就会极大地限制我们的潜能，关键是找出出国背后的动力和需求，看看是否还有其他的途径可以满足，这样才是更为优化的生涯规划之道，明白之后，是否出国、何时出国、以哪种方式出国等问题自然就有了答案。

🔑 | 生涯工具箱

这个生涯工具是由乔瑟夫·勒夫和哈里·英格拉姆两位心理学教授提出的（见图2-1）。我们可以邀请自己和伴侣、孩子一起来玩这个游戏，将"出国留学"这个生涯选中，应用这4扇窗户，帮我们把各种已经意识到、还未意识到的因素都列举、探寻出来，这样会让我们更全面地认识和了解这个生涯选择。

	自己知道	自己不知道
他人知道		
他人不知道		

图2-1　乔哈里之窗

小丹目前读高一，她的文化课成绩在班里居于上游，艺术和体育表现也都很优秀，她希望高二的时候可以到美国读高中，但是父母认为太早，希望她本科或者硕士阶段再出去。为此，小丹和父母都陷入了困境，他们互相无法说服对方。

借助乔哈里之窗，我们看到在"出国留学"这个生涯选择上，他们分别呈现如下（见图 2 - 2、图 2 - 3）。

	自己知道	自己不知道
他人知道	出国留学不是必需的，晚一点出去会更方便，孩子各方面条件更成熟了，现在出去可能会有一些状况孩子无法处理而父母也无法及时予以帮助	自身的事业发展遭遇了瓶颈，女儿的照顾和陪伴一直是自己可以去平衡这部分的重要渠道，如果女儿离开，就意味着自己必须要突破职业的瓶颈，对此感受到没有力量、没有信心，非常恐惧和担忧
他人不知道	我很喜欢和女儿在一起的时光，还没有做好准备这么早就跟她分开。我希望她能够再多陪伴我们一段时间。我没有做好分离的准备	大学和专业都非常不理想，不喜欢，所以大学期间都过得不开心，工作后的发展也一直不太顺利。我一直把这个归因于父母没有在那个时候给到我帮助和支持。我希望能给女儿更多指导

图 2 - 2　妈妈的乔哈里之窗

	自己知道	自己不知道
他人知道	厌倦了国内的学习状态，时常觉得这样的学习毫无意义，感受到无聊和悲哀，希望通过出国这个方法让自己重新找到奋斗的目标和努力的动力	发小和好朋友们都陆续出国了，看他们发的朋友圈，感觉到羡慕，心理很不平衡，为什么他们可以享受精彩的生活、丰富的活动，而自己就只能留在国内三点一线呢，这太不公平了
他人不知道	虽然成绩目前属于中上游，但非常担心未来在国内参加高考的状态，很害怕落榜或是去了不理想的学校，那样的话太丢人了，自己无力承担。如果去国外读书，突破传统的考察和评判机制，也许对于自己这样的学生而言，会有新的机会	妈妈的管束极大地压抑了我的能力发展，我们之间常常爆发冲突，有时候会冷战一个星期都不说话。我感觉非常压抑。也许出国了，拉开的距离会让彼此更加珍惜在一起的时光。我很爱妈妈，不想让她伤心，我也希望能够拥有更多自由

图 2 - 3　小丹的乔哈里之窗

当这两个窗被完全地呈现出来的时候，小丹一家人都笑了。经过沟通，小丹的妈妈不再阻拦女儿出国，她说："我一直觉得是女儿太不懂事，爱攀比，不考虑家里的经济情况就非要这么早出去。事实上是我在逃避自己的职业生涯规划，不敢面对，所以想再拖她一阵子，让自己有事情可以做。现在我才意识到，为什么女儿老是说我自私了。我以为她是吵架，没想到，孩子是那么敏感，我从没有说出来，甚至都没有意识到，她居然就可以感受到了。"小丹也意识到，出国留学很大程度上是因为自己对留在国内参加高考没有信心，再加上升入高中以来，跟妈妈的关系一直紧张，索性就想远离这个家了。接下来的咨询内容就变为母亲如何突破职业发展瓶颈，小丹如何做好高中三年的学业规划并学习正确处理与他人的沟通和人际交往了。至于出国留学，小丹非常笃定，等到本科时先交流考察清楚国外的情况再决定。

小丹一家的情况是很典型的生涯规划案例。表面上看是亲子的冲突，在出国留学问题上严重分歧，事实上妈妈和孩子都分别出现了生涯发展的障碍，因为自身的局限无法突破，所以都想转移注意力，而逃避真正的问题。如果没有清晰地意识到这些问题，而通过传统的方式解决这个问题，那很有可能为以后的生涯发展埋下更多的隐患。

第 三 章

Chapter Three

家长应该规避的问题

给 孩 子 最 好 的 未 来

第一节 | 孩子乱发脾气怎么办？

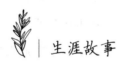 生涯故事

　　方晴跟她的大部分同学一样，是家里的独生女。父母虽不是对她百依百顺，但也宠爱有加，更注重对她言传身教。父亲是儒雅的律师，生性温和，从没有对她大声说过话。母亲是小学老师，为人也很和气，从没有跟人红过脸，对方晴也是非常好。

　　就读于高二的方晴不在重点班，当初分班的时候，她本来肯定是要留在重点班的，但是她主动跟老师申请了去普通班，父母虽然不理解，但是也表示支持，毕竟学习是她自己的事情。老师怎么劝也不行，方晴说，重点班压力太大了，不想让自己那么累，普通班里还可以交到好朋友，除了普通班，自己哪里都不肯去，至于哪个普通班，随意，听学校的安排。

　　学校还专门针对她这个特殊案例召开了两次紧急会议，最终还

是安排她去了普通班。

方晴所在的普通班有 36 位同学，她的成绩一直遥遥领先，令其他同学望尘莫及。父母对她的学习感到十分欣慰和放心，从来不过问她这方面的事情。方晴也乐得清净。

矛盾始于高二下学期。因为眼看离高考日期还有一年多，再加上妈妈几个同事家的孩子也都在高三，虽然他们的成绩比不上方晴，但是在家长的火力追加下，眼看着他们的成绩节节攀升。方晴妈妈有点坐不住了。虽然方晴爸爸安慰她，说咱们家方晴是心里有数的孩子，你就由她去吧，咱们不可能陪她一辈子，自己的路还是得自己走。但是，方晴妈妈架不住同事每天分享孩子上了什么课、找了哪个老师又在哪个方面有了很大超越……

方晴妈妈开始约方晴谈心，奈何方晴坚持己见。给学校老师打电话，老师们都表示这个孩子很让人省心，可是方晴妈妈还是不放心。她决心用自己的聪明智慧找出蛛丝马迹，以此撬动方晴的嘴和心，眼看着最重要的决战就要到了，总不能还像当年分班那么掉以轻心吧？毕竟妈妈都是为了孩子好，妈妈走过的路比孩子吃过的盐都多，很多事情妈妈还是更有发言权，能够更好地出谋划策。

爸爸从中调解，没用。方晴倔强，啥也不肯说，妈妈坚持，非要干涉。爸爸没辙了，他怀念从前各司其职轻松的日子，可是干着急也做不了啥。正好有个公派出国交流的机会，爸爸去了，把家里的事情交给娘俩处理吧。

方晴妈妈开始怀疑，女儿是不是早恋了，以前自己不干涉孩子学习，那是因为可以百分之百地把握，看今年这高考的形势，恐怕没有那么轻松了。毕竟高考是大规模的选拔考试，可不是小团体的竞争。

方晴是个爱美的女孩。每天早上都会用 10 分钟的时间挑选、搭配适合今天的衣着，一个简单却又清爽的发型，如果脸上冒个痘，她会点点儿精油上去再稍稍打点粉底液。不仔细看，还真以为这孩子就是随便穿着去上学的。

妈妈更觉得孩子肯定是早恋了。

早上送孩子上学的路上，妈妈就开始讲故事，当然，无非是谁家的孩子早恋了，结果影响了学习，考了个很烂的学校，当然最后也没在一起之类的。方晴耐着性子听妈妈说完，点点头，挥挥手下车上学去了。

看着女儿渐行渐远的背影，方晴妈妈都要崩溃了，千手百爪挠心的感觉呀！怎么就不知道这孩子心里在想什么呢。

最后，同事给她支招了，一般女孩子这个年纪都会写日记的，偷偷看看日记不就一切都明白了吗。方晴妈妈高兴地请同事吃了顿大餐。第二天，她没有开车送孩子去上学，而是让孩子自己打车。

进入女儿的闺房，想起女儿小时候每天娘俩都要在这个小房间度过很多愉快的时间，读故事呀，玩游戏呀，玩娃娃呀，扮家家呀……呵，这一转眼，就出落成水灵灵的大姑娘了。真要是有人喜欢这个古灵精怪的女儿，可也不是什么稀罕事儿。想当年自己读书的时候，不也收到过许多情书吗？

今年春节聚会的时候，好几个当年的追求者如今可都是大名鼎鼎的企业家了，海外的资产都数不清，再看看自己今天，且不说工作上的压力，还得大清早就贼一般偷看女儿日记。

"谁说早恋没有影响？要不是那时候就情定终生，我完全可以后来找个更好的对象。"方晴妈妈一边小心翼翼地翻找日记，一边愤愤不平地想。

哈！终于找到了。女儿还真是心细如发，居然把日记藏在这么一个不起眼的地方。

方晴妈妈带着日记本上班了。今天没课，而且还有半天假，女儿放学后还要参加学校的活动，回来得晚，完全赶得及在她回来之前物归原处。

让方晴妈妈失望的是，花了一整天时间研究，女儿的日记里什么秘密都没有，只是记录了一些读书心得和观察思考而已。这孩子！

……

第二天一早，方晴铁青着脸，把日记本摔在了妈妈面前。"你偷看我日记?!"妈妈心里咯噔一下，不是都物归原处了吗，我可是什么都没乱动。表面还是不动声色，"晴儿，妈妈只是关心你。怕你步妈妈的后尘。你妈妈当年如果再用心点，也不至于只是现在这样的发展。"

"你凭什么动我的东西？你经过我允许了吗？你这是干涉别人隐私，懂不懂！你侵犯了我的隐私权！我有权用法律武器保护自己，亏你还是律师的妻子！……"女儿伶牙俐齿，让妈妈哑口无言。

"对不起，我也不是成心想偷看的。实在是觉得走不到你的心里，不知道你都在想什么，做什么。我也是太着急了。"方晴妈妈小心地赔着不是。

"那也不行！我就问你，你凭什么这样对我？我是早恋了，还是给你丢脸了，我是当贼了还是做了什么见不得人的事情了……你居然这样对我，你还是我妈妈吗？有你这样当妈妈的吗？你就是这样教育你的学生的？……"女儿连珠炮弹，已经让妈妈节节溃败。

眼看着上学时间就要到了，女儿红肿着眼睛出了门。

打这天开始，无论妈妈如何小心翼翼，仍然会时不时惹得女儿大发雷霆。女儿发脾气不哭也不闹，就是喋喋不休地数落，你回答也不是，不回答也不行。方晴妈妈简直觉得这家里比地狱还难熬。

方晴妈妈想要跟爸爸求助，无奈爸爸说，你这是偷鸡不成蚀把米，之前和谐共处不是很好嘛，这下好了，女儿看来是完全把心门对你封闭了，不行你也赶紧过来吧，等她高考结束再回去，你是妈妈，要相信孩子呀！方晴妈妈更郁闷了。

【生涯视角 1】

生活中的每一件琐碎小事、每一个看似无关紧要的细节，都在精雕细琢着孩子的今天和未来。教育，并不只是与学习、学业和未来工作相关的，真正的教育渗透在生活的每一个细枝末节中。生活中的教育才是家长最应该关注的部分。

处在中学阶段心智健康的孩子是非常在乎自己成长的生命步调的，他们清晰地知道自己在做什么，他们会气定神闲、从容不迫地去安排生活和学习的每一个细节。如果大人并不了解这一切，就很容易胡思乱想、气急败坏。大人通常会怎样做呢？非常强调速度和数量。我们不妨检视一下，在一天 24 小时中，你会跟别人说多少次"快点"，尤其是对孩子，你会有多少时候觉得孩子"做得还不够多"。我们会不由自主地把发条强行安装在孩子身上，"赶快做作业""赶快吃饭""赶快出门""快点睡觉"……当孩子闹情绪发起脾气时，也许，一开始，我们还能够好言安抚，耐心陪伴，过不了几分钟我们也会蹿出无名怒火，我们多么希望能有灵丹妙药，能够让孩子马上停止发怒，迅速止住眼泪，快速消除挫折，立刻抚平创伤……如果不能做到这些，我们就会感受到愤怒和苦恼，"为什么我的孩子一点儿都不听话""我为你付出了这么多，你就这样回报我"……

成人往往比我们想象得要脆弱，我们常不由自主陷入压力，这压力可能来自外界的比较、期待，可能来自本身对时间的信念和低落的自我价值感，这两股力量交互作用，让我们不知不觉就转嫁到孩子身上，从而给他们带来巨大的压力。

就像故事中的方晴妈妈，她太焦虑、太心急，虽然出发点是好的，是爱孩子，而究其根本，却是自我迷失和焦虑。

　　如果换一个视角来看方晴，我们会得出完全不一样的感觉和结论：这是一个独立自主的女孩子，她很清晰自己喜欢什么，适合什么，表现出难得的成熟与客观心理。这是一个爱美时尚的女孩子，她很会经营自己的形象，无论是看上去十分自然的淡妆修饰，还是根本的护肤保养之道，都透露出她对健康、自然和美孜孜不倦的追求精神。难能可贵的是，她做的这些都跟她的年龄和身份十分匹配，未越雷池一步。这是一个界限清晰又勇敢的女生，她能够在自己的隐私被妈妈侵犯的时候，清楚地表明自己的立场，她用语文明，没有歇斯底里……

　　这很有可能就是爸爸眼中的方晴，看看，跟妈妈眼中的女儿简直有着天壤之别。

　　"一千个观众眼里就有一千个哈姆雷特。"养育孩子也是一样的道理，你用正向的视角关注孩子，就能找到孩子身上许多的优点，就会激发孩子成为更美好的自己；你用负向的视角审查孩子，就能找到越来越多的蛛丝马迹，不仅会严重影响，甚至破坏亲子关系，还很有可能真的让孩子变成你不希望的那个样子……什么是"一念天堂，一念地狱"，这就是。

　　作为父母和老师，你如何定位自己？是做孩子的好评师，还是做孩子的差评师？

　　做孩子的好评师，更能从孩子的成长视角、发展的观点去看世界，你会毫不犹豫地赞赏孩子每一个进步和每一个优点，你能从失败中陪他总结出教训，你能从成功中夸赞他掌握的技能与经验，你会给孩子时间，让他一步一个脚印，走出属于自己的人生，累积生命所需要的智慧与慈悲。

　　孩子需要自己去经历许多，需要自己的日程表，表达和理顺感受，澄清和整理观点，调整和修正行为与动作，只有这样，他才真的能够在本真的生命历程中、真实的生活经验中获得完整的经验，体悟到真正的人生，才能够全面、健康地长大。

　　方晴妈妈最需要的不是马上了解女儿在想什么，这个年龄段的孩子特别需要自己的空间、隐私和领地，这是她安身立命的根本，不要试图强行闯入，这只会给亲子关系带来大麻烦而不会有任何帮助，更不要试图强行攻心，这只会让孩子感受到你对权力的滥用和尊重的匮乏。明白自己的焦虑情绪到底从何而来，是什么让自己失去理智，而无法自持和自控？

基本上从小学阶段后期，孩子们就逐渐进入了青春期，青春期更是涵盖了整个中学生涯阶段。这一时期的孩子产生了强烈的成人感，由此产生了强烈的独立意识，所以他们不愿意盲目听从成人的指挥和意见，甚至将父母的关心、老师的管教等行为当成自我独立发展的障碍，小到穿衣吃饭，大到学业规划、专业选择等，都有可能处于跟成人抵触、对抗，甚至反馈的状态。作为成人，我们必须要能够理解，这是正常的，不等于"叛逆"，这是孩子处在这个阶段身心都在健康成长、发展的一种表现。我们越把这些正常的成长表现当成"叛逆""不听话""反抗"，这些标签化就会让我们的亲子关系变得越发疏离和糟糕，正所谓"问题不是问题，如何看待问题才是问题"。

方晴不愿意跟父母说太多心里的想法，这也是正常的表现，因为这个阶段的孩子心理活动日渐丰富，但表露在外的东西会随之减少，他们还可能会表现出对外界不信任，所以会表现出一定程度的自我封闭现象。作为成人，一定要尊重孩子的闭锁状况，盲目硬来，就可能会出现上述的这种情况，会遭到孩子激烈反抗。这不代表孩子性格不好，也不该判定这就是孩子乱发脾气，因为的确是事出有因的。

任何的人际关系一旦先入为主，贴上标签，后面处理起来就非常麻烦，因为当事人心中已经认为，"这是对方有问题，我不过是犯了小错误，有什么大不了，我是长辈，他应该尊重我……"这些对于问题解决都是非常不利的。

为什么方晴会"不依不饶"地跟母亲吵架，不断提出这件事情？因为这个阶段的孩子还有一个典型的特点，就是特别喜欢争论，这是他们抽象逻辑思维发展的表现。我们都知道"学以致用""用进废退",所以孩子们因为获得了这种思维方式和能力,就会不断地在生活中进行运用,这就是为什么很多家长、老师都很头疼,觉得孩子不听话,总是顶撞师长。事实上,从生涯发展的角度来看,这是件好事情,因为他们在不断地运用和发展这项能力,而且,因为有了这样的互动,我们可以更深入地了解孩子们的真实想法。对于方晴来说,她的独立空间被母亲闯入了,她感受到强烈的不安全感,母亲的这个行为让她很受伤,感受到母亲的不信任,这个年龄段的孩子特别希望能够维护在外界的美好形象,母亲这行为无异于让孩子觉得自己很糟糕,所以母亲才会采取这种行动来窥探自己的世界。从这个角度来说,孩子的行为和举动,我们是可以理解的,她只是在通过这种方式,表达自己的不满情绪。

东方文化的含蓄性和内敛心态,往往让我们认为外显负面情绪是不好的,所以许多父母都无法接受孩子发脾气。我们在夸赞孩子的时候,往往也会习惯使用"懂事""听话"这样的词汇,殊不知,情绪的表达和管理是非常重要的。今天,有越来越多的学者认为,与人的成就和幸福度挂钩的,不再是智商,更多的是情商。

生涯工具箱 ❶

作为成人,我们首先应用这个表格为自己进行测试(见表 3−1),然后再邀请伴侣和孩子进行测试,大家可以互动点评,看看自测和他测分数的差异,并分享事件和感受。这是一个非常好的家庭沟通契机,尤其对于有方晴妈妈式困扰的父母来讲,更是一个重新建立良好亲子沟通的好机会。

表 3-1　情绪管理能力自测表

情绪管理能力（-100~0 分）			情绪管理能力（0~100 分）		
序号	人群类别	得分	序号	人群类别	得分
1			1		
2			2		
3			3		
4			4		
5			5		

　　方晴和妈妈分别做了情绪管理能力自测（见表 3-2、表 3-3），分享结果的时候，两个人都笑了，真是母女呀，表现都很像。这也是大部分人的测试结果。许多人会说，我脾气不好，改不了，就这样了。真的脾气不好吗？每个人都有脾气不好的时候，但发不发，用什么样的方式发，对谁发，发的程度如何……这可都是大有讲究的。大部分人选择在外面的时候，都尽量维护彬彬有礼、和善待人的形象，一旦回到家中，或是跟自己比较亲密的关系中，就很容易"撕下羊皮变成狼"了，这哪里是情商不高，哪里是脾气不好，分明就是"柿子专挑软的捏"嘛。

表 3-2　方晴妈妈的情绪管理能力自测表

情绪管理能力（-100~0 分）			情绪管理能力（0~100 分）		
序号	类别	得分	序号	类别	得分
1	女儿	-68	1	领导	90
2	先生	-50	2	同事	88
3	父母	-30	3	学生	75
			4	家长	75
			5	朋友	78

表 3 – 3 方晴的情绪管理能力自测表

情绪管理能力（-100～0分）			情绪管理能力（0～100分）		
序号	类别	得分	序号	类别	得分
1	妈妈	-100	1	老师	88
2	爸爸	-20	2	同学	85
3	闺蜜	-30	3	朋友	75
			4	同学家长	80
			5	祖父母	60

只要你对某类人不会随便乱发脾气，那么就说明你拥有情绪管理的能力，要做的，不过是把在他们身上的这个能力，迁移到那些常被你"欺负"的人身上，就这么简单。换句话说，我们完全可以在自己身上、在孩子身上，安装一个情绪的开关。

🔑 生涯工具箱 ❷

我们都渴望拥有快乐，却常常感受到苦恼、痛苦、失望、愤怒、焦虑、恐惧等情绪。每个人都会生气，当有人惹怒我们，当有些事情让我们抓狂，当我们感觉到不被信任……我们就可能开始情绪低落，怒火中烧，无法控制。但是每个人表达情绪的方式会有所不同，有的人习惯大喊大叫，有的人非得做些什么（比如方晴妈妈会想方设法试探，甚至偷看女儿日记），有的人选择喋喋不休（比如方晴），有的人会跟自己生闷气，有的人还会伤害自己，比如咬指甲、揪头发、拿头撞墙等，有的人发泄一次就好了，有的人要持续很久……

我们一定要相信，每个人都希望自己是完美的，能够出色地管理好自己的情绪。然而，当有人做不到这一点时，请你相信，他已经尽力了，之所以表现不好，是因为他还没有那么好的条件，还没有掌握更好的办法。

快乐＝能力－期待

就像这个公式展现的那样，如果我们想要快乐更多，那么就需要两条腿走路，一方面提升自己获取快乐、经营快乐的能力，一方面降低对自己和他人的期待。当我们不断跟对方要他们并没有能力给予的东西时，这就是自我折磨并折磨他人。

比如，方晴妈妈非要走进孩子的内心世界，在她还没有好好提升自己的沟通能力时，这样的期待只会带来更多的苦恼和痛苦。比如，方晴非得坚持要妈妈回答她的那些问题，妈妈必然没有办法给她满意的答复，这样的期待也只能是伤害彼此的双刃剑。

生涯工具箱 ❸

方晴妈妈的焦虑、担心以及方晴对妈妈的愤怒，这些情绪，有什么办法可以得到改善和缓解呢？

不妨试试下面的情绪改善法：

请用腹式呼吸的方式，让自己慢慢放松下来。每次吸气的时候，你都感觉自己的身体更轻松了、更快乐了。每次呼气的时候，你都感觉到自己的负面情绪（焦虑、担心、愤怒）减少了，你做得非常好，就是这样，每次呼气，你都会将负面情绪（焦虑、担心、愤怒）排出体外，放走它们，越深呼吸，你排出的负面情绪（焦虑、担心、愤怒）就越多，越深呼吸，你放走的负面情绪（焦虑、担心、愤怒）就越多，你做得非常非常好，更深地呼吸，更缓慢地呼气，身体内的负面情绪（焦虑、担心、愤怒）越来越少，每一块肌肉都变得更加放松了。

接下来，请你发挥更大的想象力，想象自己搭乘时空飞船，来到了一个很棒的地方，这个地方你非常熟悉，在这里你感受到非常安全、非常放松。

你有充分的时间，好好享受这里的一切。你可以听听这里熟悉的声音，这些声音会让你感受到非常地放松；你可以闻闻这里熟悉的味道，每一种味道都让你心旷神怡，每一个细胞都感受到非常放松；你可以看看这里熟悉的景物，每一样景物都让你感觉到更加放松了……

现在，请你发挥更大的想象力，去感受你的负面情绪（焦虑、担心、愤怒），深深地呼吸，再一次感受你的负面情绪（焦虑、担心、愤怒），请好好地感受这些情绪都储藏在你身体的哪些部分，你可以用更大的想象力，去感受这一切，也许它们老老实实地待在某一个部分，也许它们像幽灵一样飘来荡去，现在，请你发挥更大的想象力，让你的负面情绪（焦虑、担心、愤怒），在你的头部停留一会儿，去感受它们在那里时，你身体的感觉是什么。接下来，请它们游荡到你的颈部和肩膀，去感受它们在那里时，你身体的感觉是什么。接下来，请它们游荡到你的后背，去感受它们在那里时，你身体的感觉是什么。接下来，请它们游荡到你的肺部、胃部和腹部，去感受它们在那里时，你身体的感觉是什么。接下来，请它们游荡到你的腰部和腿部，去感受它们在那里时，你身体的感觉是什么。现在，请你发挥更大的想象力，邀请所有的负面情绪（焦虑、担心、愤怒）进入你的双臂，慢慢走到你的手掌心，用力深呼吸，更深地深呼吸，将所有的负面情绪（焦虑、担心、愤怒）都集中到你的手掌心，你可以牢牢地把它们抓在你的手心里，现在我会从1数到5，我每数一个数字，你都会更加放松，当我数到5的时候，你就可以将手心里的负面情绪（焦虑、担心、愤怒）完全地捏碎，并将它们的碎片完全排到体外。

你做得非常好。1. 继续保持深深地呼吸，将所有的负面情绪（焦虑、担心、愤怒）都集中到你的手掌心；2. 继续保持深深地呼吸，你开始积蓄更大的力量，准备将负面情绪（焦虑、担心、愤怒）完全地捏碎；3. 更深地吸气，这会让你更加放松，更有力量；4. 更缓慢地呼气；5. 深深地吸气，捏碎它们，完全地捏碎，缓缓地呼气，将它们完全排到体外。你做得非常好。

现在，你吸入的每一口空气都是非常新鲜的、快乐的、美好的、轻松的。你可以掌握自己的情绪，也可以掌握自己的人生，你做得非常好。

发挥更大的想象力，想象你手中有一个遥控器，摁下开关，你的面前出现一个巨大的屏幕，再摁一下，你可以看到屏幕上出现你的形象，你正体验着负面情绪（焦虑、担心、愤怒），你可以看得清清楚楚你在做什么，你的表情是怎样的，你能够清晰地感受到这种情绪给你带来的一切。

现在，遥控器就在你的手中，你可以摁下"返回"键，让屏幕上的画面恢复到正常的状态，没有负面情绪的状态，很好，你做得非常好，现在，摁下"快进"键，让屏幕出现你正在发泄负面情绪（焦虑、担心、愤怒）的画面，按下"暂停"键，深深地呼吸，再次深呼吸，你感觉到很放松。现在请你改变屏幕上的情绪，把它替换为你喜欢的一个正面情绪，把屏幕上原来那个不被你接纳、不被你喜欢的行为和表情，替换成你正常的可爱的行为和表情，你做得非常好，现在，屏幕上的你已经有非常舒服和放松的状态了，你做得非常好。

恭喜你，你现在已经在自己身上安装了一个情绪管理和控制的开关，任何时候，只要你需要，都可以随时拿起情绪遥控器，你可以改变自己的情绪，可以替换自己的行为和表情，你也可以换台，去到一个喜欢的地方。

情绪改善法适用于任何负面情绪，有的人只做 1 次，就会有巨大的转变，有的人则需要长期坚持。

情绪是一种巨大的能量，任何情绪问题都只是表面问题，无论是对自己还是对孩子，我们都不能要求完全没有情绪，真正要做的是，提升情绪的调控和管理能力。

| 第二节 | 培养 60 分的孩子

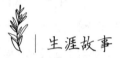

生涯故事

　　胡钊小时候在农村长大，上小学的时候父母把他接回来。刚开始，父母只是以为他不习惯城里的生活，比如不爱洗澡，不愿意剪头发，鼻涕擤了往身上一擦了之……但是无论如何培养，这孩子还是这样。小时候也就算了，玩着玩着多干净的小娃娃不也就成了泥娃娃。可是到了初中他还是这个样子，头发乱得跟鸡窝一样，每次洗头都搞得跟杀猪一样。到了高中，别的邋遢孩子也都开始注意自己的形象了，他呢，依旧我行我素。

　　胡钊的邋遢不仅仅体现在外表上，他的房间、书桌、书包都是一塌糊涂。无论几个人帮着收拾，也都永远没有利索的时候。你这边正帮忙收拾呢，那边一大摞东西又轰然倒塌；你这边正给他分门别类，他冲过来一顿上下翻找只为了一只记号笔，眼看大功告成的清理工作又得从头开始。

　　学习上他也是因为这个耽误了不少事情。要考试了，找不到准考证了，进到考场了，笔又不见了，最后还是跟监考老师借一个，期末考试要交卷了，答题卡却怎么也找不到了……

　　因为邋遢，没人愿意跟他同桌，他也不在乎，自己守着"垃圾堆"一样的课桌，狭小、逼仄、拥挤、乱糟糟的空间里，他捣鼓着自己的事情，似乎无忧无虑。

　　胡钊的老师没少为这事找家长，但是他父母除了给老师道歉赔不是，再也没有别的办法了，因为凡是能尝试的方法，他们都试过了，无一不以失败告终。每次班里的卫生评分，因为胡钊拖后腿永远都是倒数第一名。

【生涯视角】

你能不能允许自己养一个有"缺陷"的孩子？

挺难的，是吧？纵然我们自己不够完美，我们都希望能够养一个好孩子，一个完美的孩子——看看你在孩子身上付出了多少，你对他的期待，你就明白了。

我们常常会说，我对孩子要求也不高呀，我就希望他能好好学习，老师讲的能听懂，听懂的能做对，做对的考试能得分，别马虎，别粗心大意——等等，请问，在你的人生发展历程中，这些你都做到了吗？

我们还常常会说，不就是把书桌、书包、房间整理干净吗，有那么难吗？这不是幼儿园就开始的必修课吗——那你说说为什么家政公司发展得风生水起的，还有了各种水平的扫地机器人，日本的一位女士还凭借断舍离、扫除力风靡全球并以此为工作？

讲这些，都是想帮你扫除非合理信念和降低期待，免得你太受伤，接受不了现实。

回想一下我们自己身上，是否有一些小毛病，一直想改，但是一直没有改掉？是否有一些小问题，从小到大，不论是父母、老师、领导或伴侣，一直想要改变我们身上的这些问题，却一直没有成功？

孩子也是一样的，没有十全十美的孩子。一个本硕博保送的优秀学生，可能生活能力差得惊人；一个厨艺极佳无师自通的孩子，可能就是数学方面一直还没开窍；一个体育样样精通的孩子，可能绘画方面略显笨拙……这些都是正常的，当我们不断要求孩子要做好每一件事的同时，请先给自己5分钟，停顿一下，感受一下，思考一下，自己是否真的每一件事都做好了，每一件工作都胜任了？

过去，我们可能会想当然地认为，收拾好自己的东西，这是一件太小菜一碟的事情，这跟能力有什么关系，根本就是懒。而现在，已经有越来越多的事例和证据表明，整理物品是一种能力，甚至它还跟人的心理状态相关，日本的那位女士，就提出了一个概念——扫除力。

回想我们生活过的地方，认识的人，听说过的故事，不会整理、不善整理、居所乱七八糟的人，大有人在，并不是偶然的案例。

所以，我想特别提醒各位读者的是，人不需要事事完美，允许一点小的问题和缺憾存在，也是极好的。当我们能够接纳这样的状态，内心就会淡定、从容许多，就不会给孩子带有压力的期待。

如此，如故事中的案例才有可能得到改变。悲观一点的看法，也许永远也不会有改观。在本书第五章，你会了解到，这些情况的出现会跟性格、兴趣、能力、价值观等都有密切的联系。乐观的例子比如许多大师都有这样的"缺陷"存在。

有句话说得好，你永远都无法叫醒一个装睡的人，所以，如果你的孩子并没有意识到这个"缺陷"需要调整和改变，那么，作为家长和老师，我们就须调整自己的心态了。接纳，会让我们更舒服一点儿，也让亲子关系更和谐一些。因为，就这个问题来说，真正需要做出改变的是孩子，如果他们并不觉得这是一个问题，那么你提供再多的办法和帮助，可能都是徒劳无功的。

诺贝尔奖得主罗伯特·福格尔（Robert Fogel）的书桌也都堆得像小山一样。美国微软公司高级研究员试图通过研究证明混乱的书桌能够提供非常有用的工作环境。人力资源公司亚吉龙的一项调查结果显示：教育程度越高、薪水越高、经验越丰富的人，办公桌就越混乱。美国明尼苏达大学心理学教授凯瑟琳·福斯的实验则显示，办公环境脏乱的人设计想法更别出心裁、富有创意。这些不一样的视角和实验结果，会给你怎样的触动？

如果说，我们有问题，那么我们最大的问题就是善于发现问题，给问题进行负面强化，并给孩子贴上标签，然后集中火力准备消灭问题——当孩子成长的消防员，可不是一件好玩的事情。

随着时代的发展，过去许多被批判、被抨击的评价标准，目前正在发生新的变化。比如过去我们会说"玩物丧志"，如今提倡"游戏力"；过去我们说"一屋不扫，何以扫天下"，现在会有研究试图找出"混乱的另一面"。作为家长，如果我们实在无能为力改变孩子的某一方面，那么，也许我们需要转换方向思考，是不是他真的在这一方面具有这样的特质，这仅仅是他的一个特点，而非完全的缺点。毕竟，对于人类来说，我们对许多事物了解得十分有限，甚至可以说认识还处在起步阶段。

生涯工具箱

斯坦福大学心理学家菲利普·辛巴杜在 1969 年进行了一项实验，他找来两辆一模一样的汽车，其中一辆停在加州帕洛阿尔托的中产阶层社区，另一辆停在相对杂乱的纽约布朗克斯区。他把停在布朗克斯的那辆摘掉车牌打开顶棚，结果当天就被偷走了。而放在帕洛阿尔托的那一辆，一个星期也无人理睬。辛巴杜用锤子把那辆车的玻璃敲了个大洞。结果仅仅过了几个小时，它就不见了。以这项实验为基础，政治学家威尔逊和犯罪学家凯琳提出了一个"破窗效应"理论，认为：如果有人打坏了一幢建筑物的窗户玻璃，而这扇窗户又得不到及时的维修，别人就可能受到某些示范性的纵容去打烂更多的窗户。久而久之，这些破窗户就给人造成一种无序的感觉，结果在这种公众麻木不仁的氛围中，犯罪就会滋生并猖獗。

从这个角度来看，如果对小的负面能量置之不理，它就会吸引来更大的负面能量。

为了帮助孩子能够更好地整理空间和物品，更好地养成良好的个人习惯，作为家长，我们可以尝试以下的整体拆分法。

对于身体，可以从头发、面部、颈部、指甲等部分的清洁开始，用正向语言邀请、肯定孩子，过程中请一定要注意保持良好的关系，如果失败，可以暂时放弃，寻找新的机会再度邀请。每个月保持一个身体部位的清洁，循序渐进，一旦有好的转变，就及时赞美进行正向强化。

对于空间和物品，可以从铅笔盒、书包、书桌这样小的部分开始，步骤同上，必要的时候，协助孩子清理扔掉一部分东西，这样会极大地改善物品和空间的整洁。

冰冻三尺非一日之寒，所以家长一定要保持耐心，循序渐进，切勿操之过急。我们常常觉得，孩子已经大了，所以可以做到，可以轻易做到，不能做不到，怎么会做不到？不论多大的孩子，养成一个新的习惯，都需要从小处开始，从细节着眼，按部就班，不可能一口吃成一个胖子。过度的贪婪只会导致前功尽弃和更多的痛苦。写作业，字迹要求工整也是同样如此，都必须要拆分目标，长期进行。

如果实在无法改变孩子某个方面的表现，或者始终无法达到你期望的目标，不妨想想那些前卫人士们进行的实验，一个乱糟糟的孩子，可能真的更注重当下重要、紧急事务的安排，可能真的更能够发挥创造力。

做60分的家长，刚刚好，不妨也试着允许孩子做个60分的孩子，当我们降低期待的时候，往往会给孩子更多的成长空间，也会给自己带来更轻松、愉悦的亲子关系。

| 第三节 | **青春期孩子的行为紊乱怎么办？**

根据中国著名教育专家、心理专家王颖老师的总结，我们发现进入青春期的孩子，极易产生以下的消极情绪。

痛苦：这是青春期孩子最容易出现的情绪反应。这个阶段，由于生理、心理都在发生巨大的变化，孩子很容易变得敏感、多疑和一定程度的自我封闭，除非能够找到他们自己认为能肝胆相照、无话不说的知心朋友，大多数时候，他们都很难向他人倾诉自己的真实感受，或者他们倾诉了但是无法得到期待的理解和回应，就会产生痛苦。古诗词中说"少年不识愁滋味，为赋新诗强说愁"，如果像这样从理性的角度来看待，当然会产生这样的想法：衣食无忧，有学上，什么都不用担心，为什么要难过、痛苦，这不是没事找事吗？相当一部分家长和老师会抱持这样的态度和观点。然而，事实上，青春期的孩子，这个阶段既要面临生理、心理的挑战，还要应对日益难度加大的学习任务、复杂多变的人际关系（交往对象多是青春期孩子，所以难度也加大了），内心的封闭和敏感、过分自我关注等原因都可能导致孩子们产生痛苦的心理体验，这是非常真实的，并不是他们有意杜撰或夸大出来的。很多孩子不好意思求助，或者觉得无人可以帮助自己，很容易深陷其中，导致更多的失败接踵而来，一旦在学习、生活、交往中无法达到家长或老师的期待，就会带来更多的痛苦。这个阶段的许多问题，都与此相关。

悲伤：痛苦会带来悲伤，青春期的孩子很可能把悲伤藏在心中，外在看起来活泼、开朗、阳光，但内心却包裹着悲伤，如果长时间承载着过多的痛苦和悲伤，可能会导致严重的心理问题，从而带来极端的行为表现。

愤怒：许多家长和老师发现，原本听话、乖巧的孩子，突然间变得脾气很大，动不动就发脾气，有些孩子还伴随扔东西、摔东西，甚至在爆发冲突和矛盾的时候，父母、老师、同学动手的时候他们还会还手，这些都是愤怒的具体表现。

这些都与飙升的荷尔蒙有关，也就是说，这些表现不代表孩子永远都这样了，跟这个阶段的生理变化是有直接关系的，他们会对周边的刺激非常敏感，一点小事，或者一个无关的眼神、一句无关的话语，可能都会形成对他们的强烈刺激，而爆发愤怒。愤怒来自哪里呢？比重最多的就是人际关系的困扰，糟糕的亲子关系、师生关系、同学关系等，都会给他们带来愤怒的情绪。尤其是在感受到被欺骗、被侮辱、被不尊重、被干扰、被强迫等，都容易爆发愤怒的情绪。比如本章第一节中的方晴，就是在发现妈妈试图偷看自己的日记后，感受到强烈的愤怒，从而总是喋喋不休地数落母亲，来宣泄这种愤怒。有些孩子，是因为承载的痛苦时间太久，而转化为愤怒。比如一些极端犯罪案例中，我们看到的罪犯，事实上刚开始都是受害者，他们不断忍受被欺辱、被嘲讽，内心累积的痛苦终于有一天量变达到质变，就成了愤怒，盛怒之下，就很容易做出一些极端行为。

焦虑：由于不能达到目标或不能克服障碍，人们会感觉到自尊心、自信心受挫，或者失败感和内疚感增加，形成了一种紧张不安带着恐惧的情绪状态。最常见的是考试焦虑，比如，感觉到自己还没复习好，即将到来的考试可能无法发挥真实的水平或者无法达到自己或他人的期待，就容易茶饭不思，甚至出现胃痛、肚子痛、发烧等身体上的表现。还有一种是社交焦虑，比如青春期的男生女生，在要跟异性交往的时候，可能会情不自禁出现手心、额头、鼻尖冒汗，身体紧张，面部苍白，心跳过速等情况。焦虑情绪需要特别关注，因为它常常会带来心理、生理的双重功能障碍。

如果长期受到以上情绪的干扰，又无从排解，就会导致严重的问题，最常见的是抑郁、自杀和青少年犯罪。

所以，作为家长和老师，我们一定要关注孩子的情绪状态，而非仅仅关注行为本身。我们往往认为一个诱发事件 A 直接导致了人的情绪和行为结果 C，所以，发生什么事，就会有什么样的情绪和行为。而真相是什么呢？比如两个孩子参加考试，都没考好，一个孩子悲痛欲绝，一个孩子却还是乐呵呵的。这到底是为什么？

生涯工具箱

美国著名心理学家埃利斯提出了情绪 ABC 理论，该理论认为，正是我们常有的一些不合理信念才使我们产生情绪困扰。诱发事件 A 只是引发情绪、行为 C 的间接原因，直接原因是信念 B。

比如方晴的妈妈偷看日记本，这就是一个诱发事件 A，这个事件只是引发方晴发脾气 C 的间接原因。那么直接原因 B 是什么呢？是方晴的信念：妈妈应该尊重我的私人空间，这才是妈妈应该做的。但事实上，没有哪个妈妈能够做到 100% 尊重孩子，这里的信念就是一个非合理信念，就会给方晴带来一系列的困扰。

同样，为什么方晴妈妈认同了孩子的指责呢，在女儿不断的指责下毫无还口之力，感受到无可奈何和痛苦，也是因为妈妈的信念：一个好妈妈是应该尊重孩子的。很多父母都会有这样的一些非合理信念，从而给自己和亲子关系都带来困扰和麻烦。方晴妈妈为何付出那么多努力想要了解孩子的内心？因为她有一个信念：妈妈应该知道女儿的一切。这也是一个非合理信念，因为对于青春期的女孩来说，这是几乎不可能达成的目标。

再来看考试失败的那个例子，那个悲痛欲绝的孩子很可能保持的信念是：一考定终身或者是考试不好所以我是个失败者，而仍旧乐观的孩子保持的信念是：考试不过是查漏补缺的手段。信念不同，带来的情绪和行为也会有天壤之别。

我们可以和孩子一起应用这个表格（见表3-3），在出现消极情绪和不良行为时，来检查是否存在非合理信念。我们常说："看见，是改变的开始。"每个人都有无法计数的信念，这其中的非合理信念更是有千千万，不论大人还是孩子，都会有很多非合理信念。利用这个表格，我们就可以查出许多非合理信念，当看到它们时，非合理信念也就往往不攻自破了，必要的时候，可以全家一起聊聊；如果还无法解决，寻求咨询师的帮助也是很好的。

表3-3　情绪 ABC 自查表

情绪 ABC 序号	诱发事件 A	信念 B	情绪、行为 C
1			
2			
3			
4			

青春期的孩子正是三观形成的阶段，通过这个表格，我们不仅可以帮助他们找到非合理信念并做出调整，还可以由此来帮助他们树立正确的价值观。

情商高的一个表现，就是能够做自己情绪的主人。除了在第一节提供的情绪改善法，本节的情绪 ABC 自查表是帮助管理情绪的根本方案。

第四章

Chapter Four

智能管理的关注点

给 孩 子 最 好 的 未 来

哈佛大学发展心理学家霍华德·加德纳通过研究证实人类至少拥有八种智能，详见表4－1。

表4－1　多元智能对照表

序号	多元智能类别	能力	热爱科目	参与工作	职业选择
1	言语/语言智能	语言、词汇的运用，听说读写能力，顺利而高效地利用语言描述事件、表达思想并与人交流的能力	语文、外语、历史、社会科学	辩论、话剧、电视、电台、写博客、写杂志文章	律师、教师、推销员、作家、宗教领袖、播音员、主持人、编辑、记者
2	音乐/节奏智能	感知音调、声音、节奏和音色模式的能力	音乐、舞蹈	乐队、管弦乐队、合唱队、舞蹈队	歌手、作曲家、舞蹈家、音乐节目主持人、录音师、乐器制作者、音乐评论家、指挥家、演奏家
3	逻辑/数理智能	抽象思维、解决问题、批判性思考	数学、科学、经济、计算机编程	科学项目；阅读地图、电子表格、预算、图纸	工程师、科学家、数学家、银行家、经济学家、计算机程序员
4	视觉/空间智能	把想象的图形转化成一种艺术形式	艺术、绘图、摄影	设计广告、陶瓷、结构、网站	视觉艺术家、图案设计师、建筑师、网络专业人员

续表

序号	多元智能类别	能力	热爱科目	参与工作	职业选择
5	身体/动觉智能	思维与身体相联系	舞蹈、话剧、体育、烹饪	运动、舞蹈表演	运动员、教练、个人指导、舞蹈家、厨师
6	自知/自省智能	领悟自身感觉的能力	心理学、创作	读书、写日记	心理学家、侦探、教练、作家、律师、宗教领袖
7	交往/交流智能	理解他人感觉的能力	文学、心理学、社会学	与人聊天、志愿者活动等	咨询师、生活辅导员、心理学家、护士、社会工作者、教师、经理、推销员、政治家
8	自然/观察智能	理解并有效工作于自然界的能力	地理、科学、美术、劳动	阅读并绘制自然笔记、养植物动物等	景观设计师、植物学家、动物学家、驯兽员

本章将通过几个不同的生涯故事来分享多元智能在中学生生涯规划中的应用，以方便读者朋友们依据多元智能理论来更好地帮助孩子规划成长之旅。

| 第一节 | **男儿有泪不轻弹**

俗话说"男儿有泪不轻弹"，许多家长遵照这句老话的教导，在孩子成长的过程中，不断对孩子输入"坚强""勇敢"等信念，当孩子哭了，更是着急、恼怒，甚至大发雷霆，在这样的教导中长大的孩子，到了青春期会是什么样子呢？不妨看看王念的故事。

王念目前就读于高中一年级。他的父母都是军人，从小对他进行了比较苛刻的教育管理。不负父母所望，王念的成长一帆风顺，从小到大，都是就读于当地最好的学校，高中更是考入了全国闻名的学校。

王念不仅成绩好，生活方面也十分让人省心。由于父母工作繁忙，也从小注重培养他的生活自理能力，所以小小年纪的他，早就可以叠出放在部队也能评上特优的豆腐块，书房、卧室、宿舍都十分整洁。

但是，进入高中后，由于学校统一实行军事化管理，为了能让孩子们更心无旁骛地读书，学校要求大家都选择寄宿制，这样可以节省许多路上的时间，也更能收心专注在学习上。

于是，许多令家长、老师、同学意想不到的事情发生了。

王念对于卫生有着极高的标准，床单上不能有任何杂尘，哪怕皱一点儿也不行，地上也不能有任何脏东西，哪怕一根头发也得马上捡起来，他的东西不允许其他同学碰，如果有人碰了，他马上变成一只愤怒的小兽，更让人吃惊的是，这只小兽不吃别人只吃自己，他会生气地拉扯自己的头发，甚至拿头撞墙。

同宿舍的孩子们都吓坏了，大家不再像刚开始那般轻松，每当回到宿舍都感觉到压力巨大，宿舍的气氛十分压抑，生怕不小心碰到王念的东西，又惹得他大发雷霆。

在班里也是，如果有谁不小心碰掉了他的作业本或者笔，他会马上握紧双拳，咬紧牙齿，似乎随时都会爆发不愉快的事。

王念自己也苦恼极了，他并不想变成一只人人敬而远之的小兽。尤其是当他的宿舍同伴集体申请调换房间的时候，他更是崩溃了。

班主任老师邀请王念到办公室喝茶聊天。王念坐在老师对面，皱着眉头，一双大手上青筋暴露，这是个血性方刚的男孩子。勇敢、正直、自律、有同情心、乐于分享和助人，班主任想起同学们和任课老师们对他的评价，赞许地点点头。

"王念，听说你在宿舍和班里都遇到了一些麻烦。"班主任轻启朱唇，缓缓道来。

王念欲言又止，只是把头埋得更深了，他握着茶杯的手攥得更紧了，似乎随时都会把杯子捏碎。

"我给你讲个故事吧。有一个日本武士，他向一位禅师请教，何为地狱，何为极乐世界。禅师轻蔑地看了他一眼，说，'就凭你一个粗鄙野蛮之人，也配来问我问题吗？'武士哪里受得了这种蔑视，士可杀不可辱，他立马拔出长刀，要和禅师决一死战。禅师拈花一笑，说：'这便是地狱。'武士一愣，手中的长刀也掉在了地上。他幡然醒悟，刚才一念之差，险些就误伤了禅师，那自己真是大大的罪过了。随即怒气消失得无影无踪，他捡起长刀，插回刀鞘，对着禅师恭恭敬敬行了一个礼，感谢禅师对他的教诲。禅师不动声色地说：'这就是极乐世界。'"

王念不知何时抬起了头，完全沉浸在这个禅宗故事里。他似乎有所领悟，又有些茫然。"老师，我本来以为你也会像我的父母一样，批评我，说我连这点事情都做不好。我打定主意一个字都不说。可是，我怎么觉得这个故事，好像跟我有点儿像，却又有些不一样。也说不上是哪里不对。我不是故意跟同学们发脾气的。每次那样之后，我也很害怕，很委屈。"

"王念，你很害怕，也很委屈，你也不想那样，是这样吗？"老师温和地回应。

"是的。我尤其害怕父母因此会批评我。我早就发现自己太爱干净了。我也不知道为什么完全不能容忍别人碰我的东西。在家里，我们每个人都有自己的空间，东西分门别类放得非常整齐，父母从来不乱动我的东西，我也不会越雷池一步。在家里，我觉得挺轻松的。在学校和宿舍，我常常是紧绷的，一天下来，肩膀和后背酸痛得不行。"

"更糟糕的是，我发现近来完全不能专注在学习上。我老是担心如果学校真把我隔离了，不让我住宿，让我回家住，那怎么办？我还担心，同学们会不会瞧不起我，我知道他们现在都很害怕我。我更担心，我爸妈知道了会怎么办……我不想让他们伤心，更不想让他们失望。"

"老师，我现在写作业做题速度很慢，如果不小心写错了一个什么，我就想拼命涂改，涂改得脏脏的，我又不满意，就想把整张纸都撕了，重新做。可是如果这样……那么多作业，根本来不及做完……”老师静静地看着他，如果不是老师在场，估计这孩子又得拉扯自己的头发了。

【生涯视角】

人类有许多种情绪，也有许多种表达情绪的方式。其中，哭跟笑，就是我们最熟悉的两种。我们常常对此有些偏见，会认为笑是好的，哭是不好的，我们在祝福别人的时候常常说“愿笑口常开”，我们要求孩子“不哭，要勇敢”，不知不觉中，就把两种原本同样地位、同样重要的情绪表达方式对立起来。甚至，我们对于小婴儿正常表达情绪、身体不舒服的哭泣也是有意见、有想法的，千方百计要消灭。似乎一个只笑不哭的孩子才好。男孩子哭，我们会嘲笑他不坚强；女孩子哭，我们会嘲笑她太娇气。

事实上，哭跟笑，都是正常的情绪流动，是人的心理能量表现的形式。一个孩子，无论是爱哭，还是爱笑，都是情绪饱满能量充沛的。我们必须意识到，情绪是一种巨大的能量，你看，孟姜女因为要找丈夫，遍寻不到，苦觅不到，她就开始放声大哭，结果连长城都给哭倒了，终于找到了丈夫的尸骨，这虽然是一个传说，但是却鲜明地表达了情绪所蕴藏的巨大的能量。所以，从积极的视角来看，一个情绪饱满的孩子，也是拥有充沛生命能量的。

为人父母，除了让孩子身体健康，第二个重要的任务，就是帮助孩子进行情绪的成长和发展，帮助孩子识别情绪，帮助孩子发展出恰当、合适的情绪表达方式，促进孩子提升情绪管理的能力，这就是我们常说的情商（EQ）。

情绪是无法被消灭的，情绪只能得到疏导和宣泄，情绪也不是问题，那王念的问题是怎么形成的？其中一个重要的因素就在于，他的家长认为他有情绪是不对的、是有问题的，家长试图对此进行干预，比如让他不许哭，让他不能表现某些情绪和行为，孩子为此感受到压力和紧张，长期处在这种状态下，就容易让问题扩大。

我曾遇到过更多极端的家长，他们在孩子小的时候，不仅不允许孩子哭，还让哭着的孩子马上笑出来，结果没过几年，孩子就得上了严重的心理疾病甚至是神经症。

对于人的生涯发展来说，情绪的识别、表达和管理是非常重要的，正常来说，3～10岁应该是情商学习和管理的最佳阶段，如果已经错过了，那么就需要在后面的生涯阶段进行补课。家长一定要有这份觉醒和意识，欠的债，迟早都是要还的，如果到了中学阶段，已经认识到了存在问题，那么一定要及早进行补课和通关，如果没有达标，这些生涯任务就会不断地累积到后面的生涯阶段，从而给孩子带来更多的困扰。

有些家长可能会想，中学阶段最重要的是学业和高考，重点是有一个好未来，哪有时间专门帮孩子学习识别情绪、正确表达情绪，这是非常可怕的想法。每年都能看到大量的例子，因为考试过于紧张和焦虑甚至恐惧，而无法在考试中发挥出正常的水平，与理想的学校和专业失之交臂。更有许多例子表明，强大的情绪包袱，会严重影响孩子的身心健康。比如北大弑母的那个同学，学业上已经非常优秀了，但是没有健康的心理，没有正确的情绪表达方式，最终酿成了悲剧；比如一位历史天才，高中时候就出版了学术专著，然而抑郁症让他最终选择以自杀结束了自己的生命……这样的例子还有很多很多。身心健康，是一个人成功发展的重要基石，中学生阶段，学业固然是其中重要的发展任务和阶段目标，但除此之外，其他能力的培养和发展，也是至关重要的。

在多元智能中，无论是身体/动觉智能、自知/自省智能，还是交往/交流智能，都关注对身体感受和把握的能力、对自身感觉的领悟能力、理解他人感觉的能力，而这些，都包含在一个人的情商能力中。

情商之父丹尼尔·戈尔曼提出，情商是察觉和控制自己的感情、想法和情绪的能力，以及对其他人保持敏感的能力。出色的成功人士往往都具有丰富的阅历、成熟的智慧、幽默的语言、变通的处事风格，这些都是高情商的表现。

生涯工具箱 ❶

　　这个情商测试，推荐你和家人一起来做，并且互相打分和点评（见表4-2）。满意的选项越多，情商越高。这个表格的内容还可以作为情商提升的参照，从中找出2~3项，周密计划，进行情商能力的提高训练。情商不是天生的，完全可以经过后天的学习和训练得到提升。

表4-2　情商一览表

1	我总是全力以赴做事吗？
2	我能从积极的视角看人待事吗？
3	我是友好的和易于合作的人吗？
4	我行动迅速、做事可靠吗？
5	我做我分内工作（或多做）吗？
6	我显得信心十足、沉着镇定吗？
7	我是可信的吗？
8	人们征求我的意见吗？
9	我是值得信赖的人吗？
10	我彬彬有礼、言行得体并为他人着想吗？
11	我穿着得体吗？
12	我具备良好的团队合作精神吗？
13	我多听少说吗？
14	在我做决定时我考虑别人的建议和感受吗？
15	我考虑长期后果而不只是眼前的利益吗？
16	我是先考虑别人再考虑自己吗？到什么程度？
17	我接受他人的赞美吗？
18	我会赞美别人吗？
19	我会提出中肯的建议吗？
20	我会委婉地说不吗？
21	我等待他人为我做决定吗？
22	我想去了解别人的感受吗？
23	我会控制我的负面情绪吗？
24	我会自嘲吗？
25	我对自己的行为负责吗？
26	在采取行动前我考虑别人的感受吗？

生涯工具箱 ❷

在多元智能中，身体/动觉智能往往仅被局限在体育、舞蹈等领域中，事实上，经过有效的学习和训练，提升个人对身体的觉察，对身心健康、智力和情商发展，都是非常有效的。本节生涯故事主人公王念，在激烈的情绪下，身体会不由自主出现一系列的反应，这也说明，他跟身体的连接是远远不够的，如果能够通过练习，提升与身体的连接和感受力，他可以找到更合适的情绪表达和宣泄方式，从而提升对情绪的觉察和管理能力。

身体是每个人拥有的第一份礼物，也是陪伴我们一生最忠诚、最真实的朋友，它从来不会说谎。身体也是非常具有智慧的，每个人的身体中都会储存许多被压抑和忽略的东西，包括创伤、情绪和压力，这些未经处理的创伤、情绪和压力会让人陷入束缚个体发展的信念和模式中，还会导致身体产生各种症状。这就不难理解，为什么许多人在感到压力的时候总是会肩背疼痛，在和父母发生不愉快争吵后常常会头痛。

我们可以带着孩子通过肢体的动作，来打开身体，当身体打开的时候，心也就打开了。身体动作会帮助每个人将身体内的负面能量释放出去，重新唤醒情感记忆，觉察那些创伤和事件带来的制约性信念，发展出更多的可能性、灵活性，从而帮助我们更好地提升适应能力。

这些练习非常简单，可以重复多次进行练习。

（一）自由舞动

播放一段喜欢的音乐，舒缓的、动感的，任何类型都可以，邀请孩子和其他家庭成员一起参与进来，持续 5 ~ 15 分钟的自由舞动，任何的动作都可以，有没有舞蹈经验完全不重要，只要让自己放松下来，完全跟着音乐和心的引导，去让身体自由地做它想做的任何动作。

当音乐停下来，请所有参与的伙伴们坐下来，分享这其中的体验和感受，以及出现的任何回忆或者联想。

我印象最深的是有一次给骨干教师进行培训，一个1.8米多高的男老师在做完这个练习后，起身反馈，他说终于明白为什么自己总是驼着背了，在舞动的过程中，他突然想到了高二的时候，他的班主任老师曾经非常严厉地批评他太高调、太张扬，从那以后，他就总是弯着腰，试图不让自己在人群里太扎眼。

（二）用一个动作代表自己

许多场合都要求我们做自我介绍，如果邀请你用一个动作来代替自己，你会做出哪个动作呢？你又会赋予这个动作怎样的含义呢？

第二节 | 孩子的兴趣为什么这么广泛？

生涯故事

李颖超从小就对什么都充满好奇，任何事物都能让他动心，勾起他想要试一试的欲望。他学过武术三年，能将一根棍子耍得威风十足，学过二年绘画，也得了一些奖项，小学和初中都在合唱团里担任低声部成员，也曾经是乒乓球校队的主力，现在还跟老爸每个星期去打几局。他还参加过一所大学生物专业组织的观鸟小组，还有另外一个环保组织成立的昆虫小组，还曾经在中考后的暑假跟随专业的教授深入秦岭实地考察并写了厚厚的一本图文日记。他对邮票也充满了浓厚的兴趣，每年的压岁钱基本都换成了大大小小的邮票，任何时候你去他家里，他都可以如数家珍一般向你娓娓道来每一张邮票背后的故事。他也喜欢拆装东西，爷爷用过的袖珍收音机、老式音箱、古董电视，到他手里都给拆一遍，然后零件就不知道散落到哪里了……现在还被妈妈锁在小仓库里，如果哪天心情不好，妈妈就会数落他一遍，说他是破坏大王。

颖超真是惆怅啊！当年绘画班的伙伴们，不少人坚持到现在，非常坚定地认定了绘画这条路，打定主意高考的时候选择鲁美、央美等艺术院校。武术学校的同龄人也有几个后来转向了体育专业，纷纷成为了体育特长生，高考的时候享受不少加分，听说他们进到大学里也会特别受重视。自己虽然现在还在坚持打乒乓球，不过已经完全是业余水平了。

每当和同学们、伙伴们在一起聊天的时候，自己可以海阔天空地聊聊，但是如果深入去聊某一个话题，就完全不是自己能够胜任的了。同学们都戏称自己是万事通、小灵通。当谈到未来发展的时候，很多伙伴都有比较清晰的方向，起码他们喜欢的东西还是挺专一或者比较明确的。可是像自己这样，东一榔头西一棒槌的，到底该往哪个方向发展呢？看来，最可怕的不是没有兴趣，而是兴趣太多呀！五花八门的兴趣王国里，颖超怅然若失地站在中间，不知道该如何选择。

颖超的父母也是感到十分头疼，这么多年，在培养孩子的兴趣方面，他们可是砸了重金的，哪一项投入得都不少，更别提搭上的心血和时间了。小时候，在频繁更换兴趣班的时候，曾经有老师善意地提醒过，可是那会儿他们觉得孩子年龄小，还没有定性，男孩子都比较贪玩。可是现在颖超已经是高中生了，一晃就要高考了，再没有个定性，将来怎么选择专业呢？就算随便升入一所大学一个专业，也生怕孩子会像从前那样，学到中途不喜欢又该怎么办呢？尤其是关注了一些报道，说有些孩子上了大学，不喜欢专业闹着退学什么的，要真是那样，可就太可怕了。

【生涯视角】

本书在第五章中会深入探讨兴趣在学业规划和职业规划方面给我们带来的启发和帮助，在此，我们仅从智能管理的角度来探讨。

本章开头有跟各位分享多元智能对照表，我们已经知道，每个人都或多或少地拥有相对独立的八种智能，并且，每个人都可以更充分地发挥其中的一种或者多种。对于许多"兴趣广泛"的孩子甚至成人来说，从积极的视角来看，也许这正说明你的多元智能发展得比较充分或全面。

想想一个人在童年最初的几年，他往往是对任何事物都保持充分好奇的，这个也想试试，那个也想试试，这种开放性可以让儿童对世间万物有着充分地接触和尝试。对于一个走入中学生涯阶段的孩子来说，我们需要更加清楚地了解他在某个或者某几个方面中表现出的特长，这对于他的学业规划和职业规划是非常必要的。

每个人会对这八种智能表现出不同的发展程度，作为家长，我们需要帮助孩子辨识出哪些智能是最发达的，哪些智能是天生的，哪些智能是需要有意识提高的，这对孩子来说是非常积极的尝试，也是在为未来的发展打下更为坚实的基础。这就可以理解，为什么在基础教育阶段，孩子们既需要了解自然科学，也需要学习人文科学，为什么我们鼓励大家尽可能地去尝试和发展，因为从人类常模来说，大部分人都是可以通过学习和努力达成的。尽管偏科可能会让我们将优势和精力更集中于某一方面，但也可能因此延误其他智能的有效发展。

这些智能毕竟只是相对独立，而非完全独立。当我们步入工作时代，拥有更加丰富的生涯角色时（比如，我们可能既是母亲，又是员工，还是妻子，同时也在参与职业培训或在职深造而保有学习者的身份等），我们就会了解到多种智能并存的优势和重要作用。

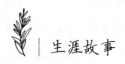

生涯工具箱

请和孩子一起阅读本章开头的多元智能对照表，找出他目前排在前三位的智能，填入表4-3，并将其中适合孩子的职业也一并填入表4-3。

表4-3　多元智能筛查表

序号	智能名称	相关兴趣、爱好	适合职业
1			
2			
3			

| 第三节 | **作业必须按时完成吗？**

生涯故事

张陈涛的父母最近一听手机铃响时心就哆嗦。这是怎么回事呢？原来，自从张陈涛升入高二，就频频被老师传唤家长，因为他总是无法按时完成各科作业。为这事，张陈涛的父母已经不知道去了多少次学校了：一方面，他们非常感激老师们的敬业精神和责任心，能够及时通报孩子在学校的表现情况；另一方面，他们也特别头疼，毕竟孩子这么大了，不像小时候，家长说一顿或者教育一顿，就能有明显好转。作业他们夫妻还真是每天都督促，但孩子就是写不完，眼看着孩子天天都12点以后才能入睡，他俩是既心疼又纠结，学校老师交代的任务总不可能不完成吧，可孩子的身心健康也不能完全不考虑呀……

【生涯视角】

从教学的角度来看，家庭作业是课堂教学的延伸内容，能够帮助学生及时巩固、复习所学知识，也能帮助家长和老师侧面了解学生的学习态度、学习习惯和学习效果。从这个角度来说，学校教师布置适量、适度、适时的家庭作业是完全有必要的。

既然家庭作业是必要的，当家长遭遇张陈涛父母这样的困境时，该如何面对和处理呢？

那我们就必须来分析为什么孩子无法按时完成作业？

不妨先回想孩子通常是如何做作业的：有的孩子习惯下课和回家，就马上先抓紧时间把功课完成，再做其他的；有的孩子则是争分夺秒地玩儿，玩够了才想起来有作业要写，往往这时候就得挑灯夜战或者到学校借作业现抄，通常来说，质量和时间都难以保证；有的孩子则是边写边玩儿，一个小时的作业能写三个小时，甚至整个通宵……

写作业事情虽然小，但却可以折射出来许多内容：学生的学习态度、学习习惯和学习效率、家长的家庭教育、老师的工作安排等。写作业完全可以说是一个系统工程，从任何一个角度，我们都能探讨出许多因素和方法。本文仅从时间管理的角度帮助家长们提供一个可行的思路和方案。

我们必须明白学习的主体是孩子，无论是老师，还是家长，都无法越俎代庖，只能辅助和支持。

有不少家长觉得学校作业太多，有些大量抄写类的作业完全是损耗精力和时间，于是自作主张替孩子代劳，这是典型的越界行为，表面上看是减少了孩子的负担，但从心理成长和生涯发展的角度来讲，是完全不可取的。最糟糕的影响就是让孩子产生逃避的心理，自己的功课和任务可以由他人代劳，并堂而皇之地据为己有，这是很可怕的一件事情。古话"勿以善小而不为，勿以恶小而为之"说的就是这个意思。如果选择将孩子送进体制内的学校，那么遵从学校的管理规定，让孩子完成大多数孩子都可以完成的任务，这是一个可以达成的目标，而不要盲目从自身的考虑出发，直接为孩子做主，这往往会削弱孩子独立自主的能力，并且培养出错误的价值观和信念，从而带来更多的麻烦。质疑是好的，但是如果只教会孩子质疑能力，而没有树立承担选择和责任的能力，那恐怕带来的结果是更差的。

多元智能中的自知/自省智能就可以帮助个体提升任务处理和管理的能力。这种智能主要是指客观清晰地认识自己的能力，正确把握自己的长处和短处，把握自己的情绪、意向、动机、欲望，对自己的生活有规划，能自尊、自律，会吸收他人的长处，会从各种回馈管道中了解自己的优势和劣势，常静思以规划自己的人生目标，爱独处，以深入自我的方式来思考。喜欢独立工作，有自我选择的空间。自省智能可以划分为事件层次和价值层次。事件层次的"自省"指向对于事件成败进行总结。价值层次的"自省"将事件的成败和价值观联系起来自审。

接下来，就让我们一起运用生涯工具箱中的各项工具帮助孩子检视、发展自知/自省智能。

生涯工具箱

不能按时或保质保量完成作业时，我们须跟孩子一起来分析，如表4-4所示。

表4－4　作业效率自测、提升表

序号	影响作业完成因素	学生自评	家长评价	改进方案
1	作业时长			
2	作业产出			
3	内容掌握			
4	作业总量			
5	学科安排			
6	作业方法			
7	反馈机制			

　　时间管理已经越来越发展出更为科学、全面的方法论，以大量的脑认知神经科学、心理学、管理学等理论为依托。事实上，孩子从家庭教育到学校教育，都很少有机会接触到这方面的学习和训练，在升入中学后，突然面对不断增加的学科数量、难度和强度不断提升的学习内容和作业要求，感受到手足无措、无能为力，这样的现象也是正常的。

　　提升作业效率和质量，并不是家长和老师耳提面命就能解决的，这是一个系统的工程，还涉及孩子的学习动力、学习兴趣、学习能力、自我管理能力等。这些往往是被传统家庭教育、学校教育所忽视的部分。作为家长，我们必须自己为孩子补上这重要的一课。许多人都是在进入职场，遭遇到更大的考验和挫折后，才开始进行时间管理和自我管理的学习与实践的。

　　从这个表格体现的内容来看，作业总量是不可控因素，是由学校各科老师来安排的，每科老师留的作业基本上符合科学要求，但也可能存在一点，就是每科老师都留作业，最后累积到孩子这里，就会成为一项大工程，许多父母诟病作业，也主要集中在这一点。但如果从积极的视角来看，这就是一个很好的成长机会，可以让孩子有一个更大的成长空间。当然，我们也要帮助孩子综合来审查，看这些作业量是否超出了目前的能力范围，如果已经超出能力范围，可以跟学校的老师坦诚地沟通，并且提出一个方案，明确在某个时间段内可以逐步提升能力，慢慢达到校方的要求。这样，就能够既兼顾学校的教学进度和总体要求，也能够照顾到孩子的个性化需求。

作业时长是可控因素，每天作业总时长超过 4 小时，家长就须注意，看看是否须协助孩子改善作业时间安排、学科管理和作业方法。

不论作业属于哪个学科，我们可以进行学科间的交叉融合处理，打破单一学科的壁垒设置，依据笔者辅导学生的经验进行划分（见表 4 - 5）。各位家长和老师也可以根据孩子、学生的状况来进行分类。

依照表 4 - 5，部分作业是不需要大块时间来完成的，完全可以利用零散时间借助手机等现代电子设备和小笔记本完成，比如语文古诗词的记忆、理科定义和公式的背诵、历史地理政治生物等大段的记忆，都可以在排队、打饭、等车、走路、上厕所，甚至跑步等时间完成。如此一来，作业的规模就被压缩了，有零有整地完成作业，可以给人带来成就感，每完成一项，都可以在小本子上打个对勾，这就属于"反馈机制"中的自我激励范围。

表 4 - 5　作业分类表

序号	作业种类	是否可分解	时间利用
1	记忆、背诵	可分解	利用好手机软件，见缝插针，如等待、坐车、走路等
2	抄写	可分解，往往无须动脑	可以利用课间、睡前等小块时间完成
3	思考题	可分解	聊天、阅读、运动等时间可用，获取他人见解
4	简单、论述题	不可分解	用整块时间完成，可以分道完成
5	证明、计算类	不可分解	用整块时间完成，可以分道完成
6	作文类	可分解	利用好手机等电子设备，随时思考，随时记录，随时写作
7	其他		

大块时间可以用来完成其他必须手写、思考和完整记录的部分，这样会明显压缩整体的作业完成时间，还会节省出更多的大块时间做孩子

真正想做的事情，比如更多的运动和娱乐思考题与作文类的作业，完全可以在日常聊天、上网、阅读等过程中进行素材的收集和整理，主题的甄选和确定等，这样也会让孩子和他人的互动、交流有更多现实的素材和学以致用的空间。

现代社会学家做了一个非常有趣的实验：对于同样的论文，第一组学生用 7 天的时间完成，第二组学生用 10 小时完成，结果如何？结果是两组学生的论文质量几乎一样。也许你会以为，拥有 7×24 小时的学生会有比 10 小时学生更多的时间、精力、机会去收集、整理更多的资料，有更多的时间撰写和修改，完全可以表现得更优秀、更完美，怎么可能结果相差无几呢？这是因为当时间增加了，紧迫感反而消失了，人们会更容易花费时间在一些无关紧要的细枝末节上，甚至开始拖延……如果只有 10 小时去进行论文写作，这显然是一个太紧迫的任务，这种心理上的紧迫感会驱动学生当下就找到最重要、最核心的部分来优先处理，从而在短时间内就能高效地完成工作。

从这一点来说，成人的工作和中学生的作业是一样的。作为家长，我们也不妨检视自己的工作效率和时间管理，如果能从自己身上开始着手改变，我们就能够给孩子带来更有利、更有效的影响。

很多时候，孩子无法很好地安排作业时间，是因为要做的太多，眉毛胡子一把抓，让他们无法理清重点，每个老师都会强调自己学科和作业的重要作用和程度，但是具体到每个学生身上，则不是这样，也许他数学作业 30 分钟就可以完成，但是语文基础薄弱，每天需要 2 个小时才能够跟上进度，英语作业也许花上 20 分钟就可以轻松完成，而另外一个孩子可能完全相反。这时候，家长完全可以陪伴孩子一周左右，每天花上 5~10 分钟，帮助他们应用这个四象限（见表 4-6），分轻重缓急地安排作业，这样作业就成了有的放矢的有序工作，而不再是火烧眉毛不知道该从哪儿下手的混乱状态。

表4-6　史蒂芬·柯维时间管理四象限

重要不紧急 例如：30天后的期中考试	重要紧急 例如：两天后的会考
不重要不紧急 例如：7天后要提交周记	紧急不重要 例如：明天早上英语单词默写

对于时间管理一塌糊涂、成绩须大幅度提升、感觉到近期压力巨大，且须调整状态的孩子来说，可以运用逆向时间管理法来帮助他们梳理一个阶段，如表4-7所示，这个表格非常简单，一共只须填入6个任务，左侧"今日三件事"指的是孩子特别想做的事情，这些事情做完了，他会以更好的状态迎接学习和作业，比如看书、听音乐、跑步、健身、娱乐、额外补充睡眠、会见朋友等；"作业三件事"则是他最想要、最需要完成的3个作业任务。只要这6个任务完成了，他就可以做自己的事情了，家长负责监督和正向反馈，坚持一段时间后再调整。

表4-7　逆向时间管理法

序号	今日三件事	作业三件事	自我激励
1			
2			
3			
完成状态			

由于中学生的身份特点，不可能完全自由做主进行时间管理，但是依照以上提供的方法，还是可以争取到更大的时间管理空间和权限。

与其抱怨孩子无法按时完成作业，不如从现在开始，真正走进孩子的生活，和他在关系良好的互动下，进行一次深度的时间管理作业规划之旅吧！

第五章

Chapter Five

生涯全面分析

给 孩 子 最 好 的 未 来

第一节 | 兴趣探索

生涯故事 ❶

吴迪是个非常有个性的孩子。他认准的事情不眠不休也能把它做好，投入十二万分精力去追求卓越。如果他不感兴趣的事情，纵然你说破嘴皮他也是岿然不动，宁可把大把的时间拿来睡觉、打球、玩游戏，也不肯在这方面多花一分钟时间。

他偏科现象非常严重，老师甚至说，到了"病入膏肓"的状态了，看着一个好苗子，生生耽误在这方面，他也只有扼腕叹息的分儿。有什么办法呢？找家长找了，各科老师约谈轮番轰炸也试了，自己苦口婆心不知道找他谈了多少回。这个比自己还高出一个半头的阳光大男孩，总是彬彬有礼，可是他非要在自己认准的道上一头走到黑，你说说有什么办法。

吴迪的爸爸是清华大学毕业的电气工程师、某集团公司的技术总负责人。他挠挠头，不好意思地说，自己读书的时候也是偏科得厉害，最后是凭着大大小小的奖项进清华大学。不过那会儿比孩子现在的状况好点儿，一个是竞争现象没有那么激烈，再有就是自己虽然偏科，那些科目虽然不擅长，但是也不至于太差。

吴迪的妈妈文科出身，目前在一家国企做文职工作。她也很头疼，因为和吴迪爸爸在日常沟通中经常会遇到大大小小的麻烦，尤其是度假时间安排，常常因为两个人兴趣不同而无法协调，有时候还会闹点儿小别扭。作为妈妈她当然希望孩子能够均衡发展，擅长理科是好事，可是文科也不能掉以轻心，很多培养情商的方法中不是都提到了文科的重要作用吗。就算不考虑到一生的长远发展，就眼前这高考，如果继续这样下去也只能去个很一般的大学了，怪可惜的。

吴迪自己倒是很淡然。他说我不是不努力，真的不感兴趣。拿起那几科的课本眼皮子就打架，上课都还恨不得拿火柴棍把眼皮撑起来才勉强不至于昏睡。有那个时间跟自己较劲，倒不如轻轻松松做点题、搞点小实验、写点小论文。不能去好大学有什么遗憾，我还研究了很多有特色的高职和大专呢，感觉有几个学校的特色专业跟我挺匹配的。考上好大学，肯定基础功课里还会有这部分我不喜欢的内容啊。

大家觉得吴迪说得也有道理，可还是生怕耽误了一个好苗子的光明前途。到底有什么办法呢？又该怎么解释发生在他身上的这种现象呢？

【生涯视角】

约翰·霍兰德有一句名言："虽然我们做了几十年的研究工作，但预测个人职业选择最有效的方法是询问这个人自己想做什么。"

吴迪的老师和家长都从自己的角度给出了不少的真知灼见，他们的担心也不无道理。然而，任何人无论多么关心、爱护孩子，都无法替孩子经历、体验当下和未来的一切。自己的人生道路必须自己走。这就像买鞋子一样，如果孩子说不合适，磨脚的是孩子，而不是送鞋子给孩子的人。

如何能够在关爱的基础上辅助孩子尽量找到最合脚的鞋子，能够让他在人生的道路上走得更加顺畅和安稳呢？我们知道，一个人他愿意做什么，喜欢在哪些方面付出心力，能够在哪个领域发挥出他的最佳水平。

兴趣是影响人们工作满意度、职业稳定度和职业成就感的重要因素。以成年人来举例，你身边一定有这样的人：他们在工作中勤勤恳恳，付出颇多，也在相应的职位上取得了非常杰出的成就，然而他们会说自己并不开心。可能就是因为他们的工作与兴趣不符，不能够满足兴趣在心底发出的渴求。你一定还听说过许多这样的案例：他们不停地跳槽、转换岗位、纵跨行业，似乎无所不能，永远都在寻找最适合自己的工作。很有可能是这些人的工作兴趣非常广泛，而并没有在某一个兴趣方面深入进行发展和工作，从而无法实现职业稳定发展。

美国芝加哥大学心理学教授米哈利历经 30 多年的时间访谈了几百位来自不同行业的人士。他希望借此能够找到人们幸福感和满足感的真正来源。经过访谈和研究，他发现当人们全神贯注地从事某项活动或某件工作时，人们的幸福感和满足感是最强烈的。通常而言，人们会认为睡觉、看电视、玩游戏……这种很放松、无须投入什么精力的活动才最舒服、最满意。

每个人会有自己喜欢的活动，从中可以享受到米哈利所研究的这种幸福感和满足感。有的人是在工作中获取，有的人是在阅读中享受，有的人是在当众发表演讲中体验到幸福，有的人是看笔尖流淌出色彩而感觉到心满意足……

米哈利将这种状态描述为 flow（心流），这是一种怎样的感觉呢？

不妨闭上眼睛试着想象一下、感受一下。似乎你处在一条河流当中，什么都不必做，自有水流的作用力推着你向前，一切的现象都是那么顺其自然，颇有些老子所说的"无为"的感觉。在心流的状态下，你不必担忧自己的表现是不是足够好，也不必操心这样做会有谁给你颁奖或者发个小红花，更不必考虑这个事情的投资回报是什么，也不必害怕别人会怎么看待你这样做……而只是全然地投入其中，倾力享受，当你这样做着，你就会感受到发自内心的快乐。无论这项活动对我们的体力要求如何，对智力挑战如何，对耐心考验如何，你完全都不关心，但是你已经不知不觉地在调动身体的每一个细胞去尽情享受这个过程中所发生的一切，并且沉醉其中。

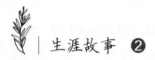

生涯故事 ❷

我那上"国中"的女儿，她同学都叫她23号。

她的班上总共有50个人，而每次考试，女儿都排名23。久而久之，便有了这个雅号。我们觉得这外号有些刺耳，女儿却欣然接受。

老公发愁地说，一碰到公司活动，或者老同学聚会，别人都对自家的"小超人"赞不绝口，他却只能扮深沉。人家的孩子，不仅成绩好，而且特长多多。唯有我们家的"23号女生"，没有一样值得炫耀的地方。

后来，看到一则九岁孩子上大学的报道，他很受伤地问女儿："孩子，你怎么就不是个神童呢？"女儿说："因为我爸爸不是神父啊！"老公无言以对，我不禁笑出声来。

中秋节，亲友相聚，坐满了一个宽大的包厢。众人的话题，也渐渐转向各家的小儿女。趁着酒兴，要孩子们说说将来要做什么？

钢琴家、明星、政界要人，孩子们毫不怯场，连那个四岁半的女孩，也说将来要做电视主持人，赢得一阵赞叹！

15 岁的女儿正为身边的小弟弟小妹妹剥蟹剥虾，盛汤揩嘴，忙得不亦乐乎。大家忽然想起，只剩她没说了。在众人的催促下，她认真地回答："长大了，我的第一志愿是，当幼儿园老师，领着孩子们唱歌跳舞，做游戏。"

众人礼貌地表示赞许，紧接着追问她的第二志愿。她大大方方地说："我想做妈妈，穿上印着'叮当猫'的围裙，在厨房做晚餐，然后给我的孩子讲故事，领着他在阳台上看星星。"

亲友愕然，面面相觑，不知道该说些什么。老公的神情极为尴尬。

回家后，他叹着气说："你还真打算让女儿将来当个幼儿园老师？我们难道真的眼睁睁地看着她当中等生？"

其实，我们也动过很多脑筋。为提高她的学习成绩，请家教，报辅导班，买各种各样的资料。孩子也蛮懂事，漫画书不看了，剪纸班退出了，周末的懒觉放弃了，像一只疲惫的小鸟，她从一个班赶到另一个班，卷子、练习册一沓沓地做。

但她到底是个孩子，身体先扛不住了，得了重感冒。吊着点滴，在病床上，她还坚持写作业，最后引发了肺炎。病好后，孩子的脸小了一圈。可期末考试的成绩，仍然是让我们哭笑不得的23 名。

后来，我们也曾试过增加营养、物质激励等，几次三番地折腾下来，女儿的小脸越来越苍白。而且，一说要考试，她就开始厌食、失眠、冒虚汗，再接着，考出了令我们瞠目结舌的33 名。

我和老公悄无声息地放弃了轰轰烈烈的揠苗助长活动，恢复了她正常的作息时间，还给她画漫画的权利，允许她继续订《儿童幽默》之类的书报，家中安稳了很久。

我们对女儿，是心疼的，可面对她的成绩，又有说不出的困惑。

周末，一群同事结伴郊游，大家各自做了最拿手的菜，带着老公和孩子去野餐。一路上笑语盈盈，这家孩子唱歌，那家孩子表演小品。女儿没什么看家本领，只是开心地不停鼓掌。她不时跑到后面，照看着那些食物。把倾斜的饭盒摆好，松了的瓶盖拧紧，流出的菜汁擦净。忙忙碌碌，像个细心的小管家。

野餐的时候，发生了一件意外的事。两个小男孩，一个数理天才，一个英语高手，两人同时夹住盘子上的一块糯米饼，谁也不肯放手，更不愿平分。丰盛的美食，源源不断地摆上来，他们看都不看。大人们又笑又叹，连劝带哄，可怎么都不管用。最后，还是女儿，用掷硬币的方法，轻松地打破了这个僵局。

回来的路上，堵车，一些孩子焦躁起来。女儿的笑话一个接一个，全车人都被逗乐了。她手底下也没闲着，用装食品的彩色纸盒，剪出许多小动物，引得这群孩子赞叹不已。直到下车，每个人都拿到了自己的生肖剪纸。

听到孩子们连连道谢，老公禁不住露出了自豪的微笑。

期中考试后，我接到了女儿班主任的电话。

首先得知，女儿的成绩，仍是中等。不过，他说，有一件奇怪的事想告诉我，他从教30年了，第一次遇见这种事。语文试卷上有一道附加题：你最欣赏班上的哪位同学，请说出理由。除女儿之外，全班同学，竟然都写上了女儿的名字。理由很多：热心助人、守信用、不爱生气、好相处等，写得最多的是，乐观幽默。班主任还说，很多同学建议，由她来担任班长。他感叹道："你这个女儿，虽说成绩普通，可是做人，实在很优秀！"

我开玩笑地对女儿说："你快要成为英雄了。"

正在织围巾的女儿，歪着头想了想，认真地告诉我说："老师曾讲过一句格言，'当英雄路过的时候，总要有人坐在路边鼓掌'……"

她轻轻地说："妈妈，我不想成为英雄，我想成为坐在路边鼓掌的人。"

我猛地一震，默默地打量着她。她安静地织着绒线，淡粉的线，在竹针上缠缠绕绕，仿佛一寸一寸的光阴，在她手上，吐出星星点点的花蕾。

我心上，竟是蓦地一暖。那一刻，我忽然被这个不想成为英雄的女孩打动了。这世间，有多少人，年少时渴望成为英雄，最终却成了烟火红尘中的平凡人。如果健康，如果快乐，如果没有违背自己的心意，我们的孩子，又何妨做一个善良的普通人。

【生涯视角】

台湾教育专家刘继荣写的这篇文章不仅入选多地中考语文的阅读考试中，也多次风靡朋友圈，掀起教育话题的论战。23 号女生有许多兴趣，而且每个兴趣发展得都非常精彩，她可以左右逢源轻易化解大人都搞不定的冲突，她能够心灵手巧一把剪刀一张纸剪出一个精彩的世界，她还会打毛线，你看她深深沉醉在那个手工的世界美丽得仿若仙女纯真得又似天使……

兴趣和能力息息相关。如果我们从事的活动是我们感兴趣的、喜欢的、享受的，那我们必然会投入更多的精力和时间，当然能力也就在这个过程中得以发展和提升。最关键的是，我们在做这件事情的过程中会更有激情和热忱，也会更加享受和幸福。能力的提升也会让我们在做这些活动的过程中如鱼得水、游刃有余，这就会大大地提升和激发我们做这件事情的兴趣，由此形成了正向的循环，如此往复。

趋利避害是人的本能，一件能够带来开心、成就的事情，我们势必会愿意在上面投入更多，一件让我们感觉不那么舒服的事情，自然是离得越远越好。这也是为什么吴迪会偏科那么严重，因为理科学习给他带来的成就感和幸福感不断增加，他自然愿意多在其中投入，而文科的内容一拿过来他就忍不住犯困，慢慢地就只想远离。这种情况是不是无法调和呢？当然不是，如果文科的内容也可以带给他少许激情和快乐，他自然就愿意在这上面投入精力了。

有人问为什么要探讨兴趣呢？每个人都有兴趣。兴趣跟孩子的学习、大学和专业的选择以及未来的生涯发展有啥关系？我已经人到中年，职业稳定，了解兴趣对我有什么用呢？

兴趣是我们内在动力的源泉和快乐的加油站。对我们感兴趣的影视剧，我们可以天天追，可以反复看几遍也不觉得烦，对不感兴趣的电视节目，你则会马上换台或者关掉电视去干点儿别的。就像案例中的吴迪，他可以整天泡在实验室里也不觉得烦，还得到时间老师给他轰出来他才走，但是对于不感兴趣的教科书他一翻开就开始打瞌睡。因为我们感兴趣的活动给我们带来积极的情绪体验，我们就愿意投入更多的感情和精力在其中，而不感兴趣的活动则无法带来开心和快乐，往往只能让人感觉到无聊和倦怠。想想你参加过的一些会议，有多少是上面的人在激情洋溢地宣讲，而你在下面无聊地玩手机或者约会周公。孩子跟我们是一样的。

生涯工具箱 ❶

恭喜你！你获得了一次免费度假游的机会，有机会去下列六个岛屿中的一个。请不要考虑其他因素，仅凭兴趣挑出你最想前往的岛屿，将结果填入后面的表格（见表5-1）。

1号岛屿：自然原始的岛屿。岛上自然生态保持得很好，有各种野生动物。居民以手工见长，自己种植花果蔬菜、修缮房屋、打造器物、制作工具，喜欢户外运动。

2号岛屿：深思冥想的岛屿。有多处天文馆、科技博览馆及图书馆。居民喜好观察、学习，崇尚和追求真知，常有机会和来自各地的哲学家、科学家、心理学家等交换心得。

3号岛屿：美丽浪漫的岛屿。充满了美术馆、音乐厅，街头雕塑和街边艺人，弥漫着浓厚的艺术文化气息。居民保留了传统的舞蹈、音乐与绘画，许多文艺界的朋友都喜欢来这里找寻灵感。

4号岛屿：友善亲切的岛屿。居民个性温和、友善、乐于助人，社区均自成一个密切互动的服务网络，人们重视互助合作，重视教育，关怀他人，充满人文气息。

5号岛屿：显赫富庶的岛屿。居民善于企业经营和贸易，能言善道。经济高度发展，处处是高级饭店、俱乐部、高尔夫球场。来往者多是企业家、经理人、政治家、律师等。

6号岛屿：现代、秩序井然的岛屿。岛上建筑十分现代化，是进步的都市形态，以完善的户政管理、地政管理、金融管理见长。岛民个性冷静保守，处事有条不紊，善于组织规划，细心高效。

表5-1 兴趣岛测试表

选择	岛屿	兴趣岛测试结果
最想去的	＿＿＿＿号	请参照表5-2，写出最终兴趣代码＿＿＿＿
第二想去的	＿＿＿＿号	
第三想去的	＿＿＿＿号	
说什么都不会去的	＿＿＿＿号	

表5-2　兴趣岛类型表

1号岛	实用型——R	Realistic
2号岛	研究型——I	Investigative
3号岛	艺术型——A	Artistic
4号岛	社会型——S	Social
5号岛	企业型——E	Enterprising
6号岛	传统型——C	Conventional

注：假如孩子最想去的排在前三位的岛屿是1、2、3，对照表5-2，可知他的霍兰德兴趣代码为RIA。

明确了职业兴趣类型，就可以结合以下图表（见表5-3、表5-4），指导中学生为专业选择、职业选择进行科学的准备工作。注意，这里的测试结果只能供参考，不能完全作为报考依据，因为高考志愿填报还受许多其他因素影响（如录取人数、录取分数、考生分数、决策权……）

表5-3　霍兰德职业兴趣对照表

类型	喜欢的活动	特征	爱好	代表职业	典型专业
实用型 R	Realistic 实践者：喜欢在户外运用工具进行工作。比起跟人打交道，更擅长处理事务	守序 恭顺 淳朴 害羞 直率 唯物 固执 可靠 诚实 谦虚 实践 节俭	爱好：手工 建筑 修理 种植 能力兴趣：运动 修理 栽培 使用、运用工具	（RIE）汽车工程师、石油工程师、航空飞行员、汽车修理工、电气工程师 （RCI）木匠、建筑设计员、软件编程师 （IRE）人类学家、考古学家 RSE 光纤技术人员、面包师、厨师 SRE 教练、SER 警官、REC 建筑工人、RES 牙医助理、IER 工艺美术教师、RSI 超声波技师、RIS 林务员、IRS 兽医、RAE 花卉设计师、REI 收音机电视修理	建筑学 机械学 自动化技术 土木工程 施工技术 刑事司法学 营养学 制图技术 工程技术 消防技术 林业 工业工程 机械工程 医药技术 空调与供暖

续表

类型	喜欢的活动	特征	爱好	代表职业	典型专业
研究型 I	Investigative 思想者：任务导向型，喜欢独立工作。乐于处理抽象问题，尝试了解物质世界	善于分析好奇内向一丝不苟谨慎独立有条理理性挑剔聪明谦虚稳重	爱好集邮、集石头猜谜读书参观博物馆 能力兴趣复杂运算阐述公式处理数学问题使用显微镜等科学仪器	IRE 生态学家、地质学家、人类学家、化学技师、考古学家、人类学家、统计员、化学工程师 IRS 麻醉师、技术文档撰稿人、生物化学家、兽医 RIE 石油工程师、电气工程师、飞行员、汽车工程师 IER 工艺美术教师、电脑分析员 ISE 保险精算师、物理学家 ISR 牙医、生物学家 IES 心理学家、AIR 园林设计师 SAI 图书管理员、ISA 护理师 RSI 超声波技师、ISA 医学技术专家 ASI 作家	生物科学生物学化学工程经济学电气工程电子工程技术地球科学环境科学地理学数学材料科学化学电子学地质学法律物理学心理学计算机科学口腔卫生学
艺术型 A	Artistic 创造者：喜欢在优雅的环境中展现自我	复杂难懂理想主义冲动不羁情绪化富有想象力独立新颖善于表现不切实际依赖直觉无序	爱好：绘画摄影演奏参观博物馆创作故事与诗歌表演缝纫设计 能力兴趣：时尚或室内设计演奏乐器唱歌跳舞表演创作故事诗歌音乐展现才华展现个性	AES 演员、广告宣传、艺术家、博物馆馆长、室内设计师、舞蹈家、家具设计师、平面设计师 ASR 时尚设计师、时装插画师、服装设计师 AIR 园林设计师 IAS 经济学家 EAS 广播员 ISA 护理师 RAE 花卉设计师 AIE 医学插图绘制员 ASI 广告文字撰稿人 ASI 作家 SAI 图书管理员 作曲家 舞台导演	广告艺术计算机动画英语音乐艺术计算机绘图绘图技术创作型美术戏剧学教学媒体多媒体技术设计制图设计技术艺术史商业美术

续表

类型	喜欢的活动	特征	爱好	代表职业	典型专业
社会型S	Social 帮助者：善于社交，有责任心，乐于助人。对机械或物理方面的技能不感兴趣	有说服力 慷慨 有洞察力 善于社交 善于合作 乐于助人 和蔼 机智 友善 理想主义 有责任心 善解人意	爱好： 照顾儿童 参加宗教活动 参加团体运动 担当志愿者 能力兴趣： 自我表达 领导小组讨论 处理纠纷 传授他人技巧、知识	SEC 中小学教师、青少年服务工作者 SER 空中交通管理员、警官、消费者事务主管、医院管理者 SRE 教练、职业理疗师 SAI 牧师、牙科保健师、语言病理医师 SEI 高校教师、历史学家 SRI 放射线学技师 S 主妇 SCE 法律助理、房地产评估师 SIR 护士 SEA 社会工作者 SRC 邮递员 SIE 病例管理员 人事主管 顾问	美国研究 中小学教育 家政学 法律预科 人类学 英语 外语 保健学 历史学 医务助理学 护理学 营养学 体育教育 政治学 家政学 宗教研究 社会学 特殊教育 演讲学 儿童保育 古典文学 通信学 口腔卫生学
企业型E	Enterprising 说服者：喜欢领导、演讲及销售，对精细活儿缺乏耐心	胆大 盛气凌人 乐观 冒险 有野心 活力四射 喜欢享乐 自信 引人注目 冲动 受欢迎 善于社交	爱好： 参加竞选 组织领导 出谋划策 创业 能力兴趣： 启动项目 组织活动 说服他人 销售或者出谋划策 领导小组	ESA 广告业务员、政客、律师、采购员、空中乘务员 ESR 房地产经纪人、理赔人、汽车销售员、银行家、理财规划师、宾馆经理、理财师 EAS 公关代表、记者 ESI 股票经纪人、餐饮经理 ERS 信贷经理 ESI 城市规划师 ECS 保险代理商 EIR 工业工程师 经理 企业主管 电视制片人 体育赞助商	广告技术 企业管理 行政执法 金融学 工业及交通管理 房地产 工业管理 零售营销 行政管理 企业管理 市场技术 商业教育 管理工程

续表

类型	喜欢的活动	特征	爱好	代表职业	典型专业
传统型 C	Convention-al 组织者：喜欢紧凑有序的办公活动，不论文字或是数字。对艺术与体能不感兴趣	谨慎 保守 有序 内向 顺从 高效 固执 纪律 认真 实际 井井有条	爱好：家务 玩电脑 玩卡牌 写家史 学税务法律 收集纪念品 能力兴趣：精确记录 组织活动 使用计算机 系统内部 工作 写作	CSE 会计师、图书管理员、病例技师、银行出纳员、房屋验收员、庭审报告人、商务教师、记账员、保险人、税务咨询师 SEC 理赔人、小学教师 SCE 律师助理 CSA 法律秘书 ESC 行政助理 CSR 计算机操作员 CES 国会选区助手 CSI 金融分析师 ICR 内部审计员 CEI 客户检查员	会计 计算机技术 法律 医疗办公室管理 交通管理技术 行政技术 计算机信息系统 庭审报告学 办公室管理 行政助理 图书馆科学

表5-4 中国大学生专业类别职业兴趣代码

学科类别	代码	学科类别	代码	学科类别	代码	学科类别	代码
哲学类	AS	工商管理类	CES	地球物理学类	IR	草业科学类	IRS
中国语言文学类	AS	图书档案学类	CAS	大气科学类	IAS	森林资源类	I
外国语言文学类	AS	管理科学与工程类	ECR	海洋科学类	IR	环境生态类	IRA
新闻传播类	AS	数学类	IRS	环境科学类	IRS	动物医学类	IRS
艺术类	AS	化学类	IRS	环境与安全类	IRS	基础医学类	ISA
历史学类	ASI	生物科学类	ISA	轻工纺织食品类	IRS	中医学类	ISA
林业工程类	AIR	天文学类	IA	生物工程类	IR	药学类	ISR
经济学类	CES	地质学类	IR	农业工程类	IR	体育学类	RSE
统计学类	CE	地理科学类	ISA	公安技术类	IE	职业技术教育类	RSE
物理学类	RI	能源动力类	RI	武器类	RI	教育学类	SA
力学类	RI	电气信息类	RI	工程力学类	RI	心理学类	SA
电子信息科学类	RI	土建类	RIE	植物生产类	RI	预防医学类	SI
材料科学类	RIE	水利类	RIE	动物生产类	RI	临床医学类	SIA
系统理论类	RI	测绘类	RIA	水产类	RIE	口腔医学类	SIA
地矿类	RI	化工与制药类	RIC	法学类	SA	护理学类	SA
材料类	RI	交通运输类	RIE	马克思主义理论类	SA	公共管理类	SEC
机械类	RI	海洋工程类	RI	社会学类	SA	农业经济管理类	SCE
仪器仪表类	RI	航空航天类	RI	政治学类	SA		

作者：彭勃，2012

【生涯视角】吴迪的兴趣类型分析。

实用型 R：吴迪喜欢泡在实验室里做实验，每一个实验设备和器材他都爱不释手，经常央求老师再让他多待一会儿。他甚至把大部分的压岁钱都花在购买大大小小的实验设备上了，为此母亲不得不专门腾出一个房间，供他鼓捣这些实验。同学们也戏称他是小小爱迪生。

研究型 I：吴迪喜欢独立学习及完成任务。他可以闷在实验室一个下午不出来，也可以为了写一篇小论文两天不吃饭，害得母亲担忧得不得了，差点把他拉到医院里，生怕饿出病来。他从初三的时候，就开始研究大学物理和微积分，为此父亲专门给他从国外邮购了英文专著，还托朋友买了几套不同版本的大学教材。爸爸书架上的一些专业书也是吴迪喜欢翻阅的。遇到不懂的地方，他会专门记在笔记上，等爸爸回来的时候向他请教，有时候他的问题连爸爸也回答不出来，只能跟他一起上网查找资料，或者请教专业领域里的相关人士。

传统型 C：吴迪不喜欢玩乐，他认为那些都是浪费时间的无聊活动而已。他最喜欢将自己的笔记分门别类，并开发出属于自己的检索系统。他热衷于分门别类，书房和卧室永远都是整洁、清爽的。

在操作实验仪器时，吴迪常常太过于专注而完全忘记时间。最后实验室管理老师不得不把他拉出去。

吴迪在班里的人缘一般，倒不是同学们不喜欢他，相反同学们提到他的时候，都非常敬佩他在理科学习方面的专注与投入精神。只是他比较害羞，不太会表达自己。但是如果同学向他请教问题，他会热心回应并提供帮助。如果是团队协作完成一个任务，他会快速、高效地完成自己负责的部分，然后安静地做自己的事情，以等待其他同学的进度。

吴迪得分最高的 3 个代码分别是 IRC，他的 AES 得分都比较低。对于这个测评结果，吴迪表示自己预料到了，父母看到这个结果，并对照每一项的分析过程，也对他的学业表现更能理解了。

我跟吴迪做了一次长达 30 分钟的沟通，他对自己的定位还是非常清楚的。他希望能够到国外进行深造，但是也对自己在文科方面的表现表示头痛，毕竟国外的学校申请不只是看成绩，对于学生的综合能力也是很看重的。在阅读父亲送给他的原版专著的过程中，他深深被那些大家严谨又优美的文法所吸引。他希望自己的研究成果也可以用这样优美的文字表现出来，或者说，可以将美好的科学世界，用一种通俗易懂、轻松优美的方式表达出来。他曾经有幸去北京大学听一位教授讲进化论，60 分钟的演讲，老人就像即兴讲了一个关于人类的成长故事，很像妈妈小时候陪他读故事的那种感觉，优美而流畅。

我说，兴趣并不完全是天生的，也可以通过熏陶慢慢培养。这位教授给你的感受和启发，可以作为你培养在文科学习方面的动力。你在理科学习方面的知识积累与特长同文科学习并不矛盾，反而可以帮助你在某些方面跳跃式地成长。文科的学习也会为你理科的发展奠定了更加强有力的基础。

吴迪说："我知道了。事实上，我是因为以前的那位语文老师总是打压我，他说我是科学怪人，因为那个时候常常逃课去实验室，没有提前跟他请假，因为不善沟通，我也不知道该怎么跟他解释，只好逃避。我现在知道该怎么做了。谢谢您，老师。"

【生涯问答】

1. 兴趣明确，这对家长和孩子到底有什么帮助呢？

对于中学生来说，明确当下的兴趣非常重要，因为他现在的兴趣很可能是未来的事业。有的孩子功课不好或者偏科，通过对兴趣澄清和分析，可以帮助我们找到对他更有利的发展方向，有的人因为得到了家人的称赞，而开始深入研究烘焙成为美食圈里的小红人，有的孩子为了得到父母许可的奖金而开始全力冲刺即将到来的考试。明确兴趣所在，可以在这些领域投入更多的时间和精力，从而熟能生巧，将兴趣转化为爱好，甚至转化为终生从事的职业或者兼职或者退休后自娱自乐的项目。

2. 如何培养兴趣？

千万别把自己的兴趣强加给孩子，尤其是青春期的孩子。我们须尊重孩子个性的发展。"尊重"是建立关系的前提，如果没有了关系，那一切努力都只能是打水漂。幸福学院的咨询师们在实际咨询中看到过许多这样的案例。

一个女孩非常遵从父母的意见，从小到大什么都是听父母的，开始还做些反抗，见反抗无效也就默默忍受了。本科的专业和学校都是父母定的，她非常优秀，然后听从父母安排读硕士，一路冲到博士。博士毕业那天，她请父母到现场。然后，她推掉了所有的 Offer，去了大西北一个小村子支教。她说："我已经尽我所能实现了父母的兴趣和理想，接下来，是时候该为我自己而活了。"

大开眼界、增长见闻，是培养兴趣的好方法。现在是互联网时代，我们可以借助丰富多样灵活多变的手段来为孩子提供更多的机会。假期旅游，参观各种艺术馆、博物馆，是培养 A 类型兴趣的好方法，各地兴建的科技馆、主题馆，是了解 R/I 类型的好渠道；许多大学有校园开放日或者招生宣讲会，也可以提前几年就带孩子去听，了解不同专业、不同学校的办学重点……家庭书架，要丰富多彩，既有畅销书、历史小说，也有一些严肃的学术类书籍，如果实在不感兴趣，可以全家一起去办图书馆会员证，在不同的类目下翻翻看看浏览一下多做了解，也是极好的。许多家庭喜欢看肥皂剧、生活剧，那同时也要多看一些经典的、具有启发作用的电视节目和影视作品。

亲身体验往往是最佳的培养手段。因为在体验的过程中，是充分调动六感学习的好过程，我们的视觉、听觉、嗅觉、触觉、味觉、直觉等都可以在这个过程中得以充分应用和开发，也就更能够激发兴趣。假期的时候找一份兼职工作或实习，会极大地增加孩子的直接兴趣，各个大学、研究所开放招生的冬夏令营也会从不同角度补充原有教学体系内缺乏而对孩子成长来说又是极其重要的部分。父母的工作如果允许，也请给孩子一个和你共同工作、近距离增加职场体验的机会。这不仅对他的兴趣培养、生涯启蒙有很大的好处，也会极大地增进和改善亲子关系。

正如企业须给员工一定的激励政策一样，父母对孩子的兴趣培养也可以采用积极正向的精神、物质双重激励的及时强化措施。当孩子在弱势学科上有提升，积极予以肯定和赞美，这会让他们更有行动力和意愿力。当孩子攻克了一项很难的学习任务，你可以把原本就打算赠与的耐克鞋或者冲锋衣作为兴趣培养的物质激励。这样可以让他们看到兴趣后面的可视化回报，不断地帮助他们强化目的、明确意义。

3. 孩子一开始就有的兴趣和经过培养（比如物质奖励）产生的兴趣有什么不同呢？

职业兴趣是兴趣在职业方面的表现，是指人们对某种职业活动具有的比较稳定而持久的心理倾向，使人优先注意某种职业，并产生憧憬、向往，想要为它做点儿什么。

职业兴趣还可分为直接和间接两种，如果在过程当中感受到幸福和满足，这就是直接职业兴趣；如果在终点、目的上感受到幸福和满足，这就是间接职业兴趣。有的孩子每天学习，不论学什么，都很踏实，都很开心，这是直接兴趣；有的孩子期末考试一放假书包一扔就开始疯玩儿，这就是间接兴趣，是外界环境要求不得不完成的任务。

能够直接从事跟直接兴趣相关的活动，是非常幸福满意的人生。但就像我们说的，人生不如意之事十之八九，尤其是对于学生时代的孩子们来说，不可能你从事的每个学习活动都有直接兴趣。这就须通过之前所说的兴趣培养方法，慢慢把孩子不感兴趣的部分培养成间接兴趣，用耐心和爱心缓慢培养。为什么强调要给孩子及时正向的积极反馈和强化呢？比如，一个孩子特别不喜欢写作文，吭哧瘪肚闷在房间里摊开一大堆作文参考书，终于废了九牛二虎之力写完了一篇 800 字的作文，家长和老师都表扬这篇作文写得精彩时，他写作文过程中的痛苦瞬间就释放了，对写作文的恐惧、厌烦等情绪将极大地减少，甚至很有可能对写作文产生兴趣。

　　间接兴趣的培养和向直接兴趣的转化是有条件的，必须保持目标明确和外界积极正向反馈与及时强化，如果没有了这些，是会慢慢消退的，它对环境的依赖力非常大，同时也是一个被动提高的过程。笔者的高中时代，物理、化学、数学都曾经考过全校第一，平均成绩也是名列前茅，完全是间接兴趣，因为非常喜欢实现目标和得到表扬的感觉。学习文科后慢慢发现这些动力和兴趣都消失了。

　　在必须要面对的挑战和应该完成的学习、工作任务上，就别再用"我不感兴趣"之类的话为自己开脱了。

｜ 第二节 ｜ 技能探索

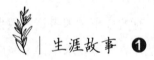

生涯故事 ❶

　　陈鸣是一个游戏高手。什么，游戏高手?! 是的，你没看错。他的确是一个游戏高手。只要是你能找得到的游戏，无论是游戏机游机、电脑游戏，还是卡牌游戏，他都很会玩。哪怕上面全是英文单词、日语单词，用不了多少时间，他也肯定能玩得很厉害了。目前身边没有人是他的对手。

　　陈鸣的父母对此很是不满。严格限制他玩游戏的时间，要求他每天最多只能玩30分钟。理由是已经高二了，学习时间紧、任务重，不能再像过去那样随心所欲地玩了。陈鸣据理力争，还打开电脑网页给父母看，说每年的高考状元中，喜欢玩游戏，用游戏来提升能力和减轻学习压力的人大有人在。凭什么他们能玩，我就不行了。

　　陈鸣的老师也很担忧他在游戏上花的时间太多了，虽然现在成绩是没有受到影响，但是如果把这些时间用在学习上，肯定学习成绩还有上升的空间。

　　陈鸣很苦恼，因为父母和老师都不能理解他。陈鸣的父母也非常担忧，他们不仅担忧孩子现在玩的心思太重，还担心这样发展下去万一成瘾拉不回来怎么办？关于上瘾症，那可是很麻烦的，不是很多孩子都被父母抓去送到某某戒除网瘾特训营了吗……陈鸣的老师也很困惑，现在的学生都是怎么了，过去没有手机和电脑的时代，不也都活得好好的吗？怎么现在的孩子离了手机和游戏，就好像别人要杀了他似的，真是越来越难理解，越来越不好管了……

【生涯视角】

　　麻省理工学院教育娱乐计划主管兼合作教授 Eric Klopfer 表示，目前有多项研究都着眼于人们在游戏中所能获取的实际能力。威斯康辛大学 Klopfer 教授在课题中"证实人们在玩《魔兽世界》的过程中学习并实践了各种实用技能——数据收集和分析，协作精神，计划制订，资源管理与分配，甚至团队激励和管理。"

　　麻省理工学院斯隆管理学院研究员 Ethan Mollick《改变的游戏：电子游戏如何影响商业的未来》一书联合作者认为很多雇主依然将"游戏"看成"懒惰""逃避"的代名词。他指出："在现代办公环境中电子游戏还带着耻辱的烙印实在太不应该了。"Mollick 说玩 Virtual Leader 这款模拟管理游戏若干月后，游戏者的工作效率至少能提高25%。

　　2015 年，英国剑桥大学对外宣称计划聘请一位"乐高教授"，领导研究游戏在教育中的地位，而乐高基金会为该项目出资390 万美元（约合人民币2421 万元），旨在研究游戏对学校教育、发展和学习所产生的重要影响，以游戏带动学习。这条新闻一经播出，许多人开玩笑说，都别读书了，赶紧玩乐高去，乐高玩好了还可以申请当乐高教授。

近几年，儿童史和玩具学正在成为高校社科领域中的热门分支，美国宾州大学教授 Gary Cross 所著的《小玩意》就是这一领域的先驱。

人们突然发现，从前乐高只是玩具，现在它正在成为一种学术。那么，我们处心积虑、绞尽脑汁、苦口婆心地劝说孩子少玩游戏，是不是真的应该或者说正确？从心理学上来说，每个人每个行为背后都是有着某个需求的。如果这个需求不能被满足，那不玩游戏，也会选择其他的方式，因为需求在那里，它必须被看到，想办法被满足，这是一种趋势也是一种规律。很多沉迷在游戏和玩耍中的孩子和成人如果不能够从心理需求分析和恰当对待，而只是一味禁止，只会导致局面往更糟糕的方向发展。有的孩子玩游戏，是因为发现现实中无法得到的成就感可以在游戏中轻而易举得到；有的孩子玩游戏，是因为父母一直夸赞别人家的孩子，他无论如何努力，也比不上别人家的孩子，但是突然发现游戏上自己也许能超越他；有的孩子玩游戏，是因为父母忙于工作，无人关注他的情感需求，他只好把游戏世界当作自己的情感寄托……对待孩子的游戏问题、上瘾问题，我们要做的不是盲目禁止，而是应该向大禹治水学习，不是堵而是疏散，只有把他们无处安放的心理能量找到适合的方式发泄出去，这个问题才能够真正得到解决和改善。或者说，这其实从来都不是一个问题，我们却把它看成问题，那么势必会产生情感和态度上的对立和冲突问题，这对亲子关系是一大隐患，往往只会把孩子推向相反的方向。如果我们可以真正去发掘以上科学研究带来的新观点，是否可以对游戏的态度产生一些变化，是否可以对孩子如此着迷于游戏有新的论断？当我们发现无法把孩子从那个虚拟世界拉出来，有没有更好的办法可以让他们在游戏中真的去发展和强化某些能力？甚至，当作为成人的我们，也无法自拔在某些游戏中时，是否也可以减少对自己的自我批判、焦虑、愧疚，而真正享受游戏时光，来发展现实当中真正需要的能力呢？

不妨来看看几个特别的生涯故事，也许对你会有新的启发作用。

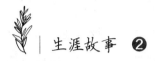

生涯故事 ❷

"明天小小科学家"竞赛活动由教育部、中国科协、香港周凯旋基金会主办，是我国中学生科技创新竞赛最高级别的大赛，旨在培养我国未来20年内科技领域的顶尖创新人才。18岁少年李德炜因为开发游戏不仅拿到该竞赛的4万元现金大奖，更是被保送清华大学，一时轰动全国。

李德炜很小的时候就开始接触电脑了，没上小学的时候，就喜欢玩电脑游戏。第一个电脑游戏是贪食蛇，玩得最多的电脑游戏则是魂斗罗，他说自己特别喜欢那种想办法奋力过关的小小成就感。长大以后，李德炜爱上了网络游戏，仙剑系列是他的最爱。喜欢上苹果系统后，开始用苹果手机玩各种各样的游戏。不像其他家长，李德炜的父母对他玩游戏从来都很宽容，几乎没管过。父母有时还会跟他一起玩游戏。高中的时候，李德炜便学习计算机编程。每天至少花1个小时用于编程。凭着对游戏的喜爱和对IT技术的崇拜，他开始自己研究游戏软件，在使用苹果手机的过程中发现Flash视频软件在苹果手机上无法使用，就努力想找出解决办法，最终研发出集聊天、办公、看电影、玩游戏为一体的软件：不论电脑或手机装的是Windows操作系统、苹果系统，还是安卓系统，都可以实现跨平台、跨系统的资源共享。

【生涯视角】

李德炜的父亲是某学校计算机教师，在父亲的影响下，他有条件在很小的时候开始接触计算机。尽管他从很小的时候就开始玩计算机游戏，但是父母并没有强加干预，甚至还抽时间陪他一起玩——这是建立和经营亲子关系很重要的一步，你要懂得孩子，要理解孩子，要知道他在做什么，为什么这个东西如此吸引他，而不是一上来就先入为主，认定他做得不对或者认定他是不务正业。所以，如果你不理解孩子为什么会喜欢、着迷于一件事情，不妨试着邀请他带你一起玩儿，或者你也跟他做同样的事情，只有这样，你才能感同身受，你才能了解他，了解一个人并不是凭空就可以做到的，就像我们可能跟自己相处了几十年，而依然对自己并不了解；我们可能跟伴侣共同生活了几十年，但真的也不了解他；我们可能曾经如数家珍孩子喜欢吃什么爱玩什么，可是当孩子进入青春期，我们却感觉他变得陌生了，不知道他在想什么，也不知道他需要什么了……

学习的目的是什么？学习的目的并不是考试，考试只是检测阶段学习成果的一个手段。学习的真正用途是学以致用——这个用，可以是多少年后，看到一片美景的时候突然涌上心头的一句古诗，也可能是在牵手心爱的人时，一首曾经喜欢的旋律和歌词，还有可能是像李德炜一样，在玩游戏的过程中，开始去思考游戏的缺点和漏洞，开始尝试把多个学科的内容结合在游戏上进行改进，当发现自己所掌握的知识和技能不够的时候，又开始新的学习任务（比如编程）。我们培养的很多孩子，数学题目做得顶呱呱，然而没法联系实际，无法做到具体应用；语文考试得高分，但是没法写出一个格式符合要求的请假条，也不能做一个即兴发言与演讲；英语会考试，可是没有信心开口讲……

很多父母依然抱持着这样的观点"学习、考试才是王道，兴趣要淡化"。这是二分法，将原本可以相辅相成的事物硬生生地割裂了，兴趣是可以提升学习和考试的，学习和考试也可以增强兴趣，这本来就是一个良性的循环，为什么非要把它拆分成对立面呢？

不论孩子是游戏、玩耍，还是学习，真正要关注的是他们通过这些手段所获取的技能。

技能是什么？技能是人们通过后天学习和练习而获得的能力，通常表现为某种动作方式和动作系统。比如在玩轮滑的过程中，你能够发展和体现出以下的技能：手眼协调能力、四肢协调能力、身体的平衡能力、决策能力……技能是须学习和练习的，很像孔子说的"学而时习之"，"习"这个字，繁体的写法上面是个"羽毛"的"羽"字，本意就是"小鸟无数次地练习飞翔"，才会拥有飞翔的本领。技能也是如此，刚开始可能很笨拙，不熟练，开始学写字，字可能是歪歪扭扭的，经过无数次练习，可以写出非常漂亮而自信的楷书或者行书，技能的发展过程就是卖油翁的"无他，唯手熟尔"，当然，用手的过程也须要用心。

辛迪·梵和理查德·鲍尔斯（Sidney Fine 和 Richard Bolles）将技能分为三种类型：专业知识技能、自我管理技能、可迁移技能（或称通用技能，即 Transferable Skills）

专业知识技能常常与我们的专业学习或工作内容直接相关，须经过有意识的、专门的培训，它的重要作用常被夸大，不能够迁移。一般用名词来表示。专业知识技能并非只能通过正式专业教育才能获得，我们可以通过学校课程、课外培训、辅导班、自学、专业会议、讲座或研讨会、资格认证考试、证书、上岗培训、爱好、娱乐休闲、社团活动、家庭职责等渠道来获取。

中考、高考考的就是专业知识技能，要求你既要全面掌握，还要系统掌握。全面掌握，就是要求你知道的多，学的多，会的多。系统掌握就是你可以将知识分门别类精准提取。有些孩子单元小考、阶段小考表现不错，但是大型考试成绩就上不去，往往是因为没有做到对知识的全面和系统掌握。

自我管理技能是一个人在工作中所表现出来的个性品质，被用来描述或说明人具有的某些特征，往往以形容词和副词的形式出现。自我管理技能可以从非工作生活领域转换到工作领域，须练习，往往通过认同、模仿、内化等途径获得，是影响职业生涯成功与否的关键因素。

比如前文提到孩子玩游戏的例子，我们可以通过训练，让游戏成为提升孩子自我管理技能的渠道。

我们在孩子的求学生涯阶段，往往过分关注他们对专业知识技能的掌握程度，而忽视自我管理技能，但这恰恰是影响一个人职业生涯成功与否的关键。在孩子的中学时代，培养他的这种能力，是我们能送给他们的最好的礼物。自我管理技能能够让我们更好地适应周围的环境。你会看到，今天有人频繁地转换专业、行业和职位，甚至是人生伴侣，这不是不适合，而是他们缺乏自我管理能力，缺乏对社会的适应能力。

可迁移技能就是个体所能做的事，也被称为通用技能。往往通过观察、实践、思考、熟练等过程掌握用行为动词来表达。可以从生活中的方方面面，特别是学习工作之外得以发展，可以迁移应用于不同的工作之中，是个人最能持续运用和最能够依靠的技能。比如一个孩子从小就伶牙俐齿，很能据理力争，小时候就能让爸妈站在她这边支持她的决定和梦想——再多读 30 分钟故事书，再晚睡 10 分钟，求学时期就是辩论高手和演讲名嘴，那这份技能就可以在未来迁移到商务谈判、公关、销售、咨询、法律辩护等工作领域。比如，一个学财会专业多年的人，性格外向，热爱创新，他想转换工作，那么他在财会领域内累积的技能可以迁移到人力资源的绩效、薪酬部分，也可以迁移到市场数据支持部分，因为他的统计能力、数据分析能力是可以迁移的。再比如，一个在培训班学习了游泳并且还取得过多个奖项名次的孩子，他可以假期的时候开班教游泳或者做一对一教练，也可以去健身房应聘，还可以去培训学校应聘冬夏令营的指导老师或班主任。

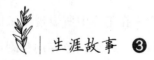

生涯故事 ❸

有位母亲来信抱怨，说儿子已经上初中了，可能班内竞争太激烈，他的成绩总是在后边徘徊，上不去，因此心里比较压抑，整天把心思放在画漫画上，老师反映上课也不听讲，就坐在那里画漫画，回家作业也不好好做，偷空就在那儿画。翻开孩子的教科书、练习册和笔记本，到处都是他的涂鸦大作。最近这段时间又迷上了日本动漫，虽然看起来画得还有模有样，可毕竟不成器啊，怎么办？

我想，大部分家长、老师看到这样的孩子，可能都会认为他不务正业。但是，对于青春期的中学生来说，贴上一个这样的标签，并不代表能够解决问题，甚至反而会激发孩子的抗拒心理，从而更难解决问题。

一个没有学过绘画，但是通过模仿而能将漫画画得有模有样的孩子，可以肯定，他的学习能力是非常棒的。我们往往只将能力跟学习和考试挂钩，而忽略了能力是多种多样的，而且，有一种能力非常强大，即可迁移技能。

可迁移技能往往又被分为认知能力、操作能力和社交能力。

认知能力说的就是智力，指你加工、存储和提取信息的过程。具体说来就是你通过一些活动（比如学习、玩耍、游戏、参加培训班）从外界输入了相关的信息、知识等，然后通过记忆、背诵、理解、消化、吸收等过程内化为自己的东西，纳入原有的知识体系和框架中，当别人向你发出订单（考试、工作、某个具体的任务）时，你可以提取出相应的部分去满足（试卷、领导、客户等）。认知能力往往是体力劳动，与信息、数据、知识相关。

操作能力往往与肢体动作相联系，比如说游泳、体操、跑步、操作器械、驾驶、组装玩具或家具等。操作能力是体力劳动，与物体、设备、动植物等相关。

在这个故事中，我们看到这个孩子的认知能力是有的，他通过看漫画，就可以将其中的信息进行加工存储，并且可以再输出出来；他的操作能力也是不错的，因为绘画须利用画笔来进行构图并呈现的。这些能力并不仅仅可以应用在绘制漫画中，我们都知道，绘画跟数学（空间、比例）、物理（光影）等学科密不可分，当我们可以正确认识到孩子身上具备的可迁移能力，就可以从正面肯定他、支持他，从而把他感兴趣的范围从漫画扩展到相关学科。除此之外，我们还须放下对孩子生涯发展的负面感知，因为这种负面感知非但无益于问题解决，还会给孩子带来错误认知，打击孩子的积极性。一个画画的孩子总比一个一无是处的孩子要强很多。当我们可以正视孩子正在从事的学习活动和业余爱好时，就可以从中找到更多可以激发他兴趣和动力的点，由此才能够给他生涯的良性发展提供动力。

社交能力当然就是与人打交道的能力。关系意味着一切，从而将社交能力放到了一个至高无上的地位。今天，有很多人认为，一个人的幸福感主要来自于他经营关系的能力和拥有关系的品质。社交能力的确是非常重要的。

我们可以看到伴随着科技的飞速发展，机器人可以替代许多操作能力，比如洒扫、清洁，甚至餐厅端盘子，但是跑步运动这种事还是得亲力亲为。我们拥有强大的互联网系统，小学生做作业都知道问问"度娘"，查查维基，但是仍然有大量的内容还是需要我们主动去完成。社交能力更是如此，虽然网络如此发达，一个微信可以连接你跟所有的亲朋好友，脸谱网站可以将地球缩小为村级单位，但是，虚拟的世界无法代替真实的社交关系。

这些通用技能，仍然需要我们不断去发展、学习、熟练掌握。也许曾经的你是学习高手、动手专家，拥有幸福成功的职业生涯，但是伴随着孩子的出生和长大，你发现，在育儿方面，你仍须学习更多的专业知识，你还须熟练掌握换尿布、做辅食的能力，你还须建立和经营高品质的亲密关系。也许曾经这一切你做得如此顺手，但是当他进入青春期，新的挑战又来了，你不得不开始学习青春期孩子的心理特征，你须跟他一起经历一些挑战，你们的亲子关系也在面临着新的巨大危机和挑战。

　　如果你的孩子擅长的技能有一项是轮滑，那我们来看看，轮滑这个特长都包含哪些具体的技能。首先，这项运动需要参与者有良好的操作能力（手眼协调、肢体协调、肢体平衡、控制轮滑鞋），还需要有良好的认知能力（判断路况、决策是否拐弯、遇到紧急情况如何自我保护等）。当然，通过玩轮滑，他还可以结交很多朋友，甚至拥有粉丝，在交流轮滑心得和技巧的过程中，他的社交能力也被充分发展起来。

　　许多父母抱怨说，不给孩子玩游戏、看动漫、追热播剧也不行呀，他们班里的孩子都讨论这个，不玩的话他很容易被孤立，因为跟人家没有共同语言。这里说的就是社交能力。

　　这三个能力往往被用来评估一个人的社会功能是否健全。对于儿童和青少年而言，社会功能就是认知能力、操作能力、社交能力与孩子的实际年龄是否相匹配。经常听到有家长说，我家孩子虽然学习成绩好，但是心理年龄很幼稚，别看长了个 1.8 米的大个子，跟小孩差不多，不懂人情世故，也没有什么好朋友，那就说明他的社会功能发展失衡。对于成人来说，这几项能力会成为生活和工作的推动力或者是阻力，有些家长看似职场上光鲜亮丽，但是回到家里一片狼藉，操作能力比较差，全靠小时工阿姨，但是社交能力弱就比较麻烦了，他可能在婚姻和亲子关系方面都会出现比较大的危机和挑战。

　　这些能力必须是在每个阶段都被充分发展的。如果在孩子的青少年阶段，只关注认知能力发展，而忽略操作能力和社交能力，对他而言会是非常麻烦的事情。

生涯工具箱 ❶

《贫民窟里的百万富翁》

从生涯角度讨论这部影片中的主人公具备哪些技能，哪些是自我管理技能，哪些是可迁移技能。

《当幸福来敲门》

从生涯角度讨论这部影片中的主人公具备哪些可迁移技能，最终帮助他赢得了股票公司的工作，并从一窍不通最终发展成为股票经纪公司的老板。

🔑 生涯工具箱 ❷

生命故事书写——成就篇

选择的标准是什么？非常简单，只要你感觉到有成就、为自己感到骄傲和自豪就可以。它可以是关于学习的，比如某次考试你的排名或成绩取得了进步；可以是关于爱好的，比如你学会了一首新曲子、画了一幅高难度的画，或者开启了一部大部头著作的阅读之旅；可以是关于生活的，比如你照顾生病的家人或者为谁做了一道新菜；可能是参加社会实践，或者娱乐休闲、一次旅行、一个助人为乐的幸福经历等。这些都可以成为你的生命成就故事。

生命成就故事书写的主要内容：

（1）具体目标，完成的任务或者实现的梦想。

（2）在达成目标的过程中，你遇到了哪些挑战，面对和解决了哪些困难，突破了哪些障碍？

（3）在突破这些障碍的过程中，你得到了哪些贵人的支持和帮助？

（4）你的具体行动和解决方案是怎样的，你具体是如何突破以上挑战和障碍的？

（5）最终你实现的是什么，取得了怎样的成就？请详细描述，打分评估或者做出数据支持等可量化评价最佳。

（6）逐一分析每个成就故事的不同阶段，你应用了哪些具体的技能？哪些属于专业知识技能、自我管理技能、可迁移技能？哪些属于认知技能、操作技能、社交技能？

| 第三节 | **性格探索**

生涯故事

古希腊神话中有一位非常著名且鬼斧神工的雕塑家，他正是塞浦路斯的国王皮格马利翁。

有一天他突发奇想，用象牙精心地雕塑了一位美丽可爱的少女。他把他对于一个女性的向往、憧憬、期待毫无保留地用他出神入化的雕工予以淋漓尽致地表达。雕塑落成的那一刻，他深深爱上了这个"少女"，并给她赋予了一个诗情画意、动人万分的名字"盖拉蒂"。

他倾其所有，给盖拉蒂制作最美丽的华服，并亲自给她穿上。他不可自拔地深深陷入这场惊天动地的爱恋中，不能自持地拥抱她、亲吻她。他幻想着自己如此真挚、浓烈的爱能够感动上天，而让她真的可以活起来，而非仅一座冰冷、没有任何生气的塑像。

时间一天天地过去了，没有任何迹象表明少女拥有了生命。

越来越绝望的皮格马利翁终于决定采取行动了，这种漫无天日的单相思实在是可以把人折磨疯呀！他搜罗了他能找到的最美好、最丰富的礼物，带着这些丰盛的祭品，寻求女神阿芙洛狄忒的恩典和帮助。他祈求女神赋予他一个完美的妻子，赋予她和他一样健康、活泼的生命。

奇迹终于发生了！当他离开神殿回到少女塑像身旁时，他深情款款、含情脉脉地拥抱着她，注视着她，放佛她真的是一个活生生的少女一样。她的脸颊慢慢地由苍白色变成了健康的红润色，她的眼睛开始闪烁着智慧的光芒，她红色小巧娇嫩的双唇轻轻开启，脸上绽放出一个少女纯真、圣洁的微笑，她用他向往已久的爱意深情地注视着他，用他憧憬已久的柔情回应着他，用他渴望许久的如此悦耳的声音对他说出第一句话……

就这样，她成为了他的妻子。

【生涯视角】

这就是大名鼎鼎的"皮格马利翁效应"。像皮格马利翁一样，我们常常在不知不觉中进行着这样的"雕塑"工作，我们把自身对于伴侣、孩子、父母……的期待和憧憬，异想天开、旷日持久地进行着规模庞大结果不知为何的改造工作。我们多么希望有一天，我们亲手雕琢的那个他也如神话一般最终可以实现。

我们不知天高地厚地期待，试图改造身边的他人，并乐此不疲地付诸行动。一旦我们感觉到他们和我们期待的不同，我们就会深深地同情自己——自己是多么可怜，为何我付出了那么多，他仍然不领情？看他是多么地糟糕，一点儿也不听话，一点儿也不懂事，一点儿也不明白我的良苦用心！怎么就没有人理解我呢？他们怎么就那么不可理喻呢？

不就是别人碰了你的东西吗？那又有什么？有什么大惊小怪的？

不就是扫地没扫干净吗？重新扫不就可以了，犯得着扯自己的头发甚至拿头撞墙吗？

不就是妈妈偷看了孩子的日记本吗？她不是为你好吗？不是道歉了吗？至于记仇吗？

不就是把自己和房间收拾干净吗？这很难吗？……

这个世界到底怎么了？

这世间从来就没有两片一模一样的树叶，就算双胞胎也会有差异。

因为，每个人都有他的性格。当我们能够了然于胸一个人的性格，我们自然会恍然大悟："啊哈！原来是这样。"就不会再执着于"为什么他不听我的""他怎么就不能这样"，而会将更多的精力聚焦于如何有效地沟通和工作上。这会为我们的生活和工作带来无限的惊喜，绝对事半功倍。

什么是性格？我们常说"江山易改，本性难移"。性格也被称为本性、秉性。性格＝人们对现实的稳定态度（不因对象和环境的变化而变化）＋习惯化行为方式（最自然、最本能的条件反射）。

性格是如何形成的呢？0～6岁期间，这是我们与环境建立反射的关键期。这个期间我们更多地跟谁在一起生活，我们的性格也会更倾向于像他，这是性格的后天影响因素。我们天生就有特定的敏感度和情绪反应，再加上后天形成的对环境的态度和行为方式，这两者综合起来就是我们的性格。"龙生龙，凤生凤，老鼠的儿子会打洞"讲的就是性格的先天因素。美国行为主义心理学家华生在《行为主义》一书中的这句名言则非常强调后天的影响因素——写道："给我一打健康的婴儿，一个由我支配的特殊环境，让我在这个环境里养育他们，我可担保，任意选择一个，不论他父母的才干、倾向、爱好如何，他父母的职业及种族如何，我都可以按照我的意愿把他们训练成为任何一种人物……医生、律师、艺术家、大商人，甚至乞丐或强盗。"

印度谚语说："播种一种行为，收获一种习惯；播种一种习惯，收获一种性格；播种一种性格，收获一种命运。"性格真的这么重要吗？是的，性格是最本能、最直接的反应，也是深入骨髓的条件反射，当我们的生命遭遇重大事件时，性格就会促使我们做出重大决策，这就在一定程度上决定了我们的命运。

既然性格这么重要，有没有一种工具可以让我们快速识别自己和他人的性格呢？而且，最好这种性格工具还提供如何具体操作的方法。接下来用世界上应用最广泛的性格测试工具，来清晰地分析性格类型。

生涯工具箱

现在，请你认真阅读接下来的性格描述，并根据自己的实际情况选出符合自己的选项，这样，你马上就可以知道自己是哪种性格了。当然，我建议你先从了解自己的性格开始，当你看到结果如此令人惊喜的时候，自然就有动力和兴趣，为孩子进行测试了。

在开始测试之前，你须了解：

1. 找到你最为放松和舒适的状态，坐着、躺着、趴着都可以。也是最佳的测试状态。因为美国迈尔斯布里格斯类型指标（MBTI）测试的是你最自然的天性的倾向，所以，你用放松的心态来参与测试，除了你自己，你无须考虑任何人。这个测试要求有一点必须做到放松，放松，再放松。这不是高考，也不是升职，放松就好。

2. 每一种性格都有优势，也都有劣势，但其没有好坏优劣之分。它们都存在于我们的身上，只是有的多，有的少而已，都是我们的一部分，接纳就好。

3. 在四大领域中，每个领域有两个选项，这两个选项中，你必须选择一个。你觉得两个自己都有，也可能；你觉得两个都不是自己，那也没有关系。只须选择一个更倾向的选项即可。它原本就是要测试你的倾向。

4. 跟着感觉走就好，无须征求任何人的意见。更不要看了后面的分析结果再开始。这是一个对自己忠实的测试题。因为它只是帮助我们更清晰地了解自己而已。

E 外向　VS　I 内向

这个领域是检测你的能量倾向和处事方式。

1. 你更喜欢、更容易将注意力投向哪里？

2. 你从何处为自己进行能量补给、活力充电？

3. 你在适应环境时，会采取怎样的处事方式？

E 外向——开放、主动

口头禅："我们聊聊吧。"

最佳学习方式：讨论、分享、实际操作。

典型特征：兴趣广泛，先做再想，热爱交流，擅长表达，在行动和沟通中了解世界、处理信息。

不喜欢：复杂、重复、长时间做一个任务（尤其是独自操作、完成）。

如何提高学习、工作效率：分享资源，通力合作。

代表人物：方晴妈妈。

方晴妈妈希望女儿可以跟她沟通交流，说出自己的想法和正在做的事情，她无法忍受一个人去面对和处理帮助女儿学习的工作，于是积极寻求先生和同事的帮助，当同事出了一个点子之后，她会立即采取行动，过后才想起这可能并不合适，但是她已经做了。当先生邀请她出国，拒绝在她一意孤行的事情上进行帮助的时候，她感受到愤怒和伤心，甚至开始后悔青葱时代答应了和他共度终生。

和女儿沟通的过程是复杂的，没有成效的，少有回应的，这对于外向型的方晴妈妈来说，就是一个巨大的精神折磨，尤其是在她缺少人手支持、同伴陪伴的情况下。

那她该怎么办呢？根据外向型人的性格特征，她须寻求他人的支持，比如积极加入家委会、妈妈成长小组、家庭沟通学习团体，在团队中通过交流和沟通，获取更多的支持和信息，从而发展出有效的沟通方式和应对方式。

如果继续孤军奋战，方晴妈妈很可能会身心俱疲，失眠难寐，神经衰弱，轻度抑郁……

I 内向——封闭、自省

口头禅："我自己好好想想。"

最佳学习方式：思考、头脑中"练习"、独自在安静的环境中长时间学习。

典型特征：安静内向，先想再说或做，兴趣专注，喜欢独处，独立行事，在思考和内省中了解世界、处理信息，喜欢用书面形式沟通。

不喜欢：被要求即兴讲话、表演，团体生活、团队协作有时候对他们是种折磨。

如何提高学习、工作效率：独立空间，独自思考、学习、工作。

代表人物：方晴、王念。

看到这里，想必你已经知道，为什么在自我空间被侵犯、打扰后，王念会选择攻击自己，方晴会选择大发脾气，甚至不依不饶。

王念的悲剧开始于突然进入集体宿舍生活时，他还没有准备好。而且他是非常典型的内向型人，不太擅长用语言沟通，以表达自己的感受和需求。于是，当他的个人空间一再被侵犯时，他会强烈地感觉到没有安全感。很自然会选择被动攻击的方式来进行自我保护。再加上长期生活在管教严厉的军人家庭和军事化管理的学校，他的天性和教养都不允许他攻击别人，因此他只能选择扯自己的头发或者拿自己的头撞墙。如果我们不了解他的这一性格，很容易给他贴上心理病态的标签，甚至容易误判为边缘性人格障碍等。

方晴思想非常独立，从她笃定地选择进入普通班就可以看出来，这对她而言也是非常合适的。因为如果身在实验班、重点班，势必会有老师更多关注和关心，同时面临的压力也会更大，很可能母亲会早就出手干涉。在普通班她遥遥领先的成绩，为她保有一份安全、独立的个人空间奠定基础，所以在她母亲向学校老师求助时，学校老师也选择站在她这一边。

如果方晴母亲了解到她的女儿是内向型人，很可能就会避免、减少原本不必要的争执、担心和沟通。更适合这母女两人的沟通方式是短消息、邮件或者书信、卡片。然而，这并不意味着用文字的方式，女儿就可以对母亲打开心扉，这对于内向型人来说通常很难。因为她们习惯于自我反省、自我消化和吸收，她们热衷于独自处理事情。

同样，方晴在隐私被窥探、空间被干扰之后的大动肝火，也是非常自然的反应。外向型人方妈妈必须要学习尊重女儿的空间，而不要马上给女儿贴上"叛逆""不懂事"等标签，这只会将女儿推向更远的地方，而错失沟通的机会和桥梁。

没有一个人是完全外向或者内向的。在生活中的不同面向，我们每个人都会在不同的方面表现出自己的内向性格或外向性格，但是你须知道的是，有一个会符合你的本性会占据更多的空间。请你根据自己通常的表现，来选择出占比更高的那个选项。

○E 外向　　　　○I 内向

> S 感觉　　VS　　N 直觉

你如何获取信息、吸收信息？

S 感觉——细节、感受

口头禅："告诉我，事实是什么。"

最佳学习方式：讨论、分享、实际操作。

典型特征：擅长推理，观察敏锐，在推理和运用中处理信息、了解世界。

不喜欢：复杂或长时间做一件事，很容易失去耐心或者产生挫败感。

如何提高学习、工作效率：通过观察、推理、实际运用理解抽象的思维和理论。

代表人物：方晴妈妈。

方晴妈妈很在乎自己的感受，她只相信实际存在的事物，着眼于现实。对于女儿的守口如瓶、讳莫如深，她感受到不被信任、受伤和焦虑。当她看到别人家的孩子都开始忙于各种补课，别人家的父母都开始通力合作为孩子出谋划策，她感到焦虑、失落、愤怒。于是，在这种感受的驱动下，她必须要为自己做点儿什么。与其说她是关心孩子，不如说她无法再忍受漠视自己的感受了。

通过观察女儿爱美的细节，再联想自己过去的青春期经历，她推断女儿很可能是早恋了。当她话里话外旁敲侧击，并未得到任何回应时，她真是抓狂了。育儿这件事的复杂、耗时，已经快用光她的耐心了，于是，她才会昏头胀脑，选择偷窥日记这种下下策。要知道，在家长会上，老师可是无数次提醒家长"要尊重孩子的隐私"。

可是，如果不让她做点儿什么，她真的会难受死的。

N 直觉——直觉、可能

口头禅："根据我的直觉……""这样就好。"

最佳学习方式：多任务处理模式，同时学几科或看几本书，或者一边听音乐一边写作业。

典型特征：相信直觉，灵感模式，不关注现实和数据，喜欢挑战，把不可能变为可能，花样不断，点子王。

不喜欢：常规和按部就班。

如何提高学习、工作效率：天马行空，自由自在，随意切换，有充分的自主权。

代表人物：方晴、胡钊。

方晴是很典型的自觉型人，她跳出了按部就班的升学规律，果断选择了去普通班，这是让很多人大跌眼镜的。别担心，她非常清楚地知道自己需要什么，适合什么。事实也证明，她的选择非常适合她。

胡钊是不乱会死型人，因为他们无法忍受一个干净整洁的世界，那让他们怎么能享受这种混乱带来的灵感不断？也许正写着数学作业，不小心瞥见乱糟糟书桌上的一个杂志封面，他们就马上知道下一篇作文的精彩来自哪里了。也许正头枕着百科全书，突然就马上要组装一个航模，不在手边伸手即可得难道还要跨越千山万水到书房去取吗？那怎么行？

和自觉型人在一起，最好的选择就是完全随他去，你的信任、开放和空间会给他们更多的力量，他们也会回报你更多精彩结果。如果你强加干预，那往往只是徒劳，而且还会给自己和对方都带来无穷的烦恼。你会希望他们在你的"爱"中，完全失去方向，折断羽翼吗？

如果你有一个自觉型人做孩子或伴侣或同事，恭喜你，只要你敞开心扉，摘下有色眼镜，放下条条框框，你可以收到、享用到无限惊喜呀！

没有一个人是完全的感觉型或者直觉型。在生活中的不同面向，我们每个人都会在不同的方面表现出自己的特质，但是你须知道的是，有一个会符合你的本性会占据更多的空间。请你根据自己通常的表现，来选择出占比更高的那个选项。

○S 感觉　　○N 直觉

T 思考　VS　F 情感

你如何决定？你处理信息的偏好是什么？

T 思考——逻辑、分析

口头禅："告诉我，这样符合逻辑吗？""从道理上来说，……"

最佳学习方式：阅读和实操偏逻辑、分析的内容，思维导图。

典型特征：擅长分析，好讲道理，擅长以理服人，冷静客观，通过逻辑、分析来处理信息，然后决定。

不喜欢：太强调情绪和感受会让他们觉得完全没有逻辑，无理取闹。

如何提高学习、工作效率：处理客观数据和因果关系。

代表人物：方晴、王念。

方晴对母亲的愤怒回应方式就是喋喋不休地数落母亲的"罪证"，母亲越解释，她就越愤怒，因为她沉溺在一个逻辑分析的世界里，而往往会对母亲的焦虑、着急、病急乱投医的关心表现出不近人情的冷漠感。

方晴的这种方式就是典型的思考型人分析问题和解决问题的方式。他们往往会把情绪和感受转化为事实和细节。难怪不少人都会在跟思考型人的亲密关系中受伤。如果你把这种行为贴上"冷血""无情"的标签，就太不了解也太冤屈他们了。

王念也是思考型人，他会认为每一个人都应该遵守规矩和界限。他会执着于"追求一个合乎真理的客观标准"，所以，当别人触犯到他的界限，入侵到他的领域，他会非常愤怒，并且会反击。他追求公平，也会身体力行维护公平，所以他无法理解为何会有人时不时入侵到他的世界当中。越是用逻辑和分析对待这一切，他的情绪和感受就会越痛苦，但是思考型人擅长把情绪和感受处理为事实和细节，这反过来又会强化他们的情绪和感受……就形成了一个恶性循环。

F 情感——价值、影响

口头禅："这样做合适吗？""我不想伤害……""我不想……担心（伤心）"。

最佳学习方式：多感官刺激，如观影、视频、表演、歌舞方式进行学习等。

典型特征：理解、尊重他人，更容易被感动，擅长以情动人、以德服人，为情妥协，因一个人爱上一个学科（城市）。

不喜欢：太强调逻辑和分析会让他们觉得太冷血，没有人情味。

如何提高学习、工作效率：环境有爱、鼓励、积极正向支持和反馈。

代表人物：方晴妈妈。

方晴妈妈是非常重感情的人。她的价值观之一就是家庭，所以维护家庭的亲密关系是她生活的重心。你也看到，她在跟学生家长沟通的过程中，是非常能够体现情感特征的，她鼓励家长要尊重学生的情感。但是当她自己回到母亲角色中时，却很容易被感情冲昏了头脑。她擅长以情动人、以德服人，在思考型女儿那里得不到回应，这对她来说是非常痛苦和残忍的。

如果方晴爸爸能够在情感上给她更多宣泄的空间和积极的反馈与支持，她很可能就不会偷看日记了。

没有一个人是完全的思考型或者情感型。在生活中的不同面向，我们每个人都会在不同的方面表现出自己的特质，但是你须知道的是，有一个会符合你的本性会占据更多的空间。请你根据自己通常的表现，来选择出占比更高的那个选项。

○T 思考　　○F 情感

J 判断　VS　P 感知

你如何与外部世界打交道？

J 判断——结构、控制

口头禅："赶紧行动吧""直接放弃"。

最佳学习方式：自我掌控与规划。

典型特征：喜欢常规和结构，立刻决定，尽快了解，井井有条。

不喜欢：不喜欢变化，不喜欢模糊。

如何提高学习、工作效率：规划清晰，任务明确，期待清楚。

代表人物：王念、方晴。

方晴对自己的世界具有十足的掌控力，对于自己的学业发展也有清晰的规划。她是那种父母老师都喜欢、都省心的孩子。须督促，她就可以做得很好。如果你管控太多，反而会有反效果。

P 感知——自然、灵活

口头禅："再等等看。"

最佳学习方式：小组学习，负责创新创意。

典型特征：随机应变，灵活多动，喜欢创新，拥抱变化，容易虎头蛇尾。

不喜欢：不喜欢事先计划，讨厌按部就班，厌恶被催促，对结束感伤，对规则无奈。

如何提高学习、工作效率：有温暖的陪伴和支持。

代表人物：方晴爸爸和胡钊。

方晴爸爸对于按部就班的生活早就忍无可忍，他喜欢追求变化和新意。说句实话，律师工作还是很考验他的耐心的。幸好这个出国交流的机会可以暂时将他从泥泞的亲子矛盾中拎出来，飞到大洋彼岸乐得清净。

方晴爸爸习惯对方晴妈妈说"再等等，顺其自然"。这些都只会让方晴妈妈感受到冷漠和愤怒。这并不意味着他们的感情出现了裂痕，而完全是因为两种性格的不同认知和表达方式导致的误解。

在方晴的成长道路上，如果爸爸能够更多地支持她，给她一个温暖的陪伴和支持力量，她会成长得更加顺利。妈妈更适合把无处安放的热情和精力放在事业上。

胡钊往往刚开始收拾，就被其他更有趣的任务吸引过去了。对于他的"邋遢"现状来说，接纳比改变更重要。往往作为父母的你开始接纳他了，他的状况会自然往好的方面发展。

没有一个人是完全的判断型或感知型。在生活中的不同面向，我们每个人都会在不同的方面表现出自己的判断型或感知型，但是你须知道的是，有一个会符合你的本性会占据更多的空间。请你根据自己通常的表现，来选择出占比更高的那个选项。

○J 判断　　　○P 知觉

现在请你写出你的自测结果：_____。

ISTJ 检察员	ISFJ 守护者	INFJ 指导者	INTJ 专家
你喜欢把一切都安排得井井有条，你可以排除一切干扰，安静、稳重地将自己的决定变为现实。一丝不苟地执行规则，凭借认真和忠诚的态度获胜	细心体贴呵护他人 你总是认真负责、坚定稳妥地完成任务。无论何时，你总是努力维护环境的秩序。你待人忠诚，善解人意，体贴周到	光之使者照亮黑暗 你一丝不苟地生活与工作，忠贞于自己的价值观。你渴望为所有人提供更好的帮助，你会为了使命而坚定、果敢、沉着、冷静。你极其富有洞察力	追求卓越，独一无二 你坚持不懈地将梦想实现，擅长长远规划，一旦承诺，会尽善尽美、有始有终地完成。擅长独立思考，严格要求自己和他人
ISTP 手工者	ISFP 艺术家	INFP 哲学家	INTP 思考者
冷静观察快速行动 你喜欢冷眼观察，一旦出现问题，你会快速出击，高效解决。热衷分析海量数据，解决实际问题，追求更高效能。喜欢弄清楚来龙去脉。逻辑清晰，擅长分析。坚韧、灵活，重视效率，务实	创意生活，展现丰富 充分享受当下，希望拥有个人空间，按照自己的规划来完成任务。坚守初心，忠诚你在乎的人们。不喜欢冲突和矛盾，是"己所不欲，勿施于人"的粉丝和行动派。沉静、友好、敏感、温和	保持婴儿的好奇心 你保持着一个孩子般的好奇心。总是第一时间发现更多的兴趣。你努力理解他人，并尽己所能支持他人把理想变为现实。当你的价值观被接纳、理解、支持，你更为如鱼得水。灵活多动，善于帮助他人	无思考不生活 你热衷于为一切做出合乎逻辑的分析与阐述。冷静、从容、灵活、包容。你可以深入在感兴趣的领域中耕耘、钻研，而乐此不疲。你善于分析问题，乐于怀疑一切。有时候你显得过于冷眼旁观而冷血无情

ESTP	ESFP	ENFP	ENTP
容忍，实际，灵活 专注于当时当下， 喜欢主动交流，外向，喜欢享受物质生活。能够通过实践达到最佳的学习效果。不喜欢理论和概念的解释	外向，友善，包容 热爱生活，喜欢和人打交道。热爱物质享受，喜欢团队协作。在工作上，追求趣味，注重实际。容易接受新事物，适应新环境	创造家 一切皆有可能 生活对你来说处处有惊喜。你毕生在寻求他人的支持与肯定。你擅长演讲，乐于分享，即兴创作对你来说是小菜一碟。你喜欢创造一个新的世界，从看似无关的千丝万缕中找到必然的联系，从而挖掘出更多的机会。饱含激情、想象丰富，能够随机应变、随遇而安	预言家 将愿望变成现实 你能迅速调动资源解决任何有挑战力的问题。你乐此不疲寻找更多的机会，并从更高的角度进行逻辑分析。你喜欢创意生活，善于开创新的方法，兴趣广泛。你有伯乐一样的眼光，善于激励他人
ESTJ	ESFJ	ENFJ	ENTJ
总管 让一切按部就班 你擅长按部就班，调动一切资源完成任务，希望用高效的方式达成目标。你可以处理好每一个细节。按照清晰的逻辑部署计划。你坚定不移地执行计划并渴望他人与你共同遵守约定。你非常果断，一旦决定会立刻行动	照顾者 热情主动操持一切 你喜欢和他人共同按时完成任务，注重建设和谐的环境，心地善良，一丝不苟，擅长团队合作。你能够细心察觉他人的需求，并尽力满足。你渴望得到他人的肯定和感激。你总是无时无刻在照顾着他人	温暖，同情，领袖 关系和谐、热情演说、精力充沛 关注的不是情感的细节，而是情感背后的意义和动机 动之以情，煽动、引导，从情感上去影响、控制	直接、果断、领导 善于表达，直觉：从宏观处着眼，理性：果断，有决策力，判断：不达目标誓不罢休 博学多才，喜欢有长远的计划并制定目标，喜欢追求知识，又能够传递分享知识。能够有力地提出自己的主张

对于中学生而言，这个性格测试可以帮助他们尽早地开启职业适配之门，年龄越小，越容易匹配。对于父母、老师等成人来说，如果没有重新寻找匹配的机会，就选择接纳、平衡和完善，以此综合提升自己的生涯能力和成熟度。

从长远来看，越早了解性格，越能够尽早确定跟自己相匹配的职业，这是一件非常重要、也非常幸福的事情。因为当你和一个人情投意合、脾气相投时，你们的关系会更加稳定、更加持久。同样，如果你从事与自己性格相匹配的学习任务或是工作内容，你也就更能够坚持下来，更稳定、持久，更关键的是，你会发挥最佳状态，拥有最满意的高效能。

从目前来看，学习任务不比工作任务，学习任务更多的是硬性规定，可供自己选择和发挥的空间并不大。但是，对于科学合理规划时间和分配精力，性格测试结果是可以提供一定参考价值的。比如说，我们可以把跟性格匹配的学科和学业部分安排较少的时间，因为单位时间的投入更少，但产出更多。在不是特别匹配的部分，我们就把它当成磨炼自己意志、提升适应能力的好时机。

如果我们已经没有时间或者空间，再去重新选择跟我们更匹配的学习或者工作任务，那怎么办？我们可以把那些没有机会从事的部分发展成业余爱好，丰富我们的其他时间。比如我的一位同事本来是工程师，业余时间他喜欢养花弄草，我们无论是谁遇到了这方面的问题，都会向他求教，而他也总能给我们满意的指导与回复。生涯者的角色是丰富的，我们还可以从其他的生涯角色中得到新的能量补给，如果你的工作是会计，但是你对艺术创造特别感兴趣，那不妨利用你的家庭主妇身份，为家装设计或是家人的服饰搭配、美食创意来点儿新点子吧，保证他们会大吃一惊，而你也在这个过程中充分满足了这部分的冲动和向往。我有好几个朋友，就这样慢慢开始经营美食博客，后来还兼职开了美食微店，每天的饼干、蛋糕订单都够她辞职回家全职处理微店业务。

对于孩子来说，如果他已经无法回头，重新选择文科或者理科，那他也可以在兴趣爱好方面释放这部分能量，而且，网络时代已经为他们提供了更多的机会，在专业和学校的选择上，可以更多满足他的需求。

性格没有好坏优劣之分，每个人都有擅长的方面，也有有待提升的方面。当我们认识到这一点就更能够接纳自己、理解自己，接纳他人、理解他人，这会让我们的人际关系变得更加和谐。

接纳并享受性格带来的优势，改变或回避性格带来的局限。如果有机会扬长避短是最理想的，如果暂时没有更好的机会，那就扬长补短吧，用能力来弥补。

第四节 | 价值观探索

生涯故事 ❶

静雅是高中生，目前读高二。中等个子，简单的马尾轻松地扎在脑后，跟随着她的动作活泼地跳跃在你的视线里。她说话喜欢时不时推一下眼镜，厚厚的镜片后似乎看不清楚她在想些什么。那是一种与她气质绝不相配的迷茫感。

一个正当好年华的妙龄少女，她有着可以抵达一切的勇气，她有着可以征服一切的青春，她有着可以尝试一切的条件。但是，她遇到了这个年龄段任何一个少年都可能遇到的问题——茫然，无措。

静雅以骄人的成绩升入了全国闻名的重点中学，她是所有人的骄傲。不仅学校好，班级也好，这是这所学校最重视、最着力培养的一届实验班，各科的老师都是顶级配置。

静雅的妈妈对她非常不满意，虽然这个女儿在外界看来已经足够优秀了——名校实验班，因为过硬的基本功和科学素养以及成功的实验项目，获得了国内国外这一领域的多项大奖，光飞美国领奖就不止一次了。

静雅的妈妈认为以孩子的实际能力可以在实验班里排到前10名，也就是年级前50名，而事实上，从进入这所学校开始，她最好的成绩是班里24名，年级150名。按照这个趋势，只能去个很一般的一本学校。这根本不是她想看到的，也跟她培养女儿的方向完全不符合。

妈妈为静雅付出了一切她能付出的。找优秀的大学生陪做作业，辅导学习方法，用过来人的经验和视角为女儿指点迷津。这招还真有用，每次有新的大哥哥大姐姐陪她一段时间，她的学习状态明显能提升一个档次，但反映在阶段考试成绩上，还是没有明显提升。找一线名师一对一辅导，每个老师都对孩子极为欣赏，同时也对她成绩上不去感到百思不得其解。最后，妈妈说静雅就是不够专注，虽然每天花费大量的时间学习，但是产出并不高。

遗憾的是，她也找不到什么有效的工具和方法，能够提升女儿的学习专注力，由此提升学习耗能。

静雅是个十分乖巧的女孩，当你跟她说话的时候，她总是托着下巴极为安静地听着，当你需要回复的时候，她的回答也是轻轻地，好像生怕惊扰了什么。她也对自己成绩的不上不下表示很苦恼。更为苦恼的是妈妈经常因此失控。每当这时，她更是慌张地不知道该做些什么。她已经尽量避免和妈妈之间的冲突。但是，当妈妈爆发时，她完全无能为力。

静雅妈妈说："我事实上是一个非常开明的母亲，我也不期待她有什么所谓的出息，只是觉得一个好苗子，没法达到自己该有的高度，感觉很可惜。每当想到这个，我简直就没法控制自己。虽然知道很多时候真的不该对她大喊大叫，但我就是不能控制自己。"

【生涯视角1】

在中国，学习并不是一件自己的事情。有一个问题值得我们去深思，养孩子到底是为了什么？孩子他到底需要什么？作为父母，我们又能给予他什么？

如果说中国的孩子有问题，那么最大的问题就是他们努力地配合着父母完成父母的期望；如果说中国的父母有痛苦，那么最大的痛苦就是我掏心挖肺倾我所能倾我所有，你怎么还不满足？你怎么还不领情？你怎么还不能满足我的愿望？

所以，问题来了。这到底是个什么问题？问题出在哪儿了？

问题在于，无论是父母还是孩子，都不知道自己想要什么。

不知道自己想要什么，那不管付出多少，都是徒劳，不管努力多少，都是枉然。因为，一开始就错了。没有方向，任何努力都只能是镜中花水中月。静雅的案例还算是中规中矩的，这几年，我见了太多最后以旷课、休学、退学，甚至发展成更糟糕结局的案例，而且，在我们的实际咨询中，这样的案例量正在逐年提升。

我知道，你很可能冷哼一声，怎么可能？谁说我不知道自己要什么？我不就想孩子有个好未来，我们两口子看他开开心心我们也就放心了，人这一辈子，除了这个，还图个啥？我们车房都有，存款也不算太薄。孩子好了，一切不也都好了？至于孩子想要啥，我可能真不知道，那又有什么关系，谁不是这么过来的，跟着大流往前走，准没错！哎对，她不是说想当科学家吗，那就好好读书读个博士，读完博士找个大学做科研教学生，这不挺完美的吗？

难怪在中国，凡是跟教育、读书、上课相关的产业都那么红火呢。随便一个补课机构都能到美国去上市了。中国父母的钱太好赚了。孩子在肚子里得胎教，不能输在起跑线上，幼儿园之前得早教，别耽误了智力开发，小学前得幼小衔接，至少也得奥数二年级水平吧，上了小学特长也不能少，音体美再来个机器人，中学不加餐怎么行，听说老师一问都会就不讲了，高中更是得努力，一个老师管几十个孩子，哪管得过来，孩子没听懂必须得请个一对一呀！上了大学，四六级也得报班，托福GRE这些更是不能落下，万一孩子要出国深造呢，人家早的孩子六年级就开始考了，咱们这已经落后了。考研、国考、考博……考考考，老师的法宝；分分分，学生的命根。

一个没有航向没有目标的小船，不是南辕北辙去错了地方，就是一浪打在沙滩上，更惨的是沉没于大海中。

那些所谓的清晰目标（各种考试），所谓的理想（好大学、好工作、好对象）……都不是职业生涯规划的目标和方向。说白了，你还是不知道自己想要什么。孩子可能知道，但也被你搞蒙了。孩子更可能不知道，因为从来没有人跟他说过，还得知道自己想要什么。虽然满网络世界都吵吵着要长成为自己的样子。

怎么才能知道自己想要什么呢，如何能明白为什么孩子会有某个举动和选择呢？下面我们就来深入探讨价值观。

【生涯视角2】

价值观是人们在选择和判断时所最为看重的原则、标准和品质，是人用于区别好坏、分辨是非及其重要意义的心理倾向体系。

我们看到很多青春期的中学生常常因为人际关系而苦恼。有的女孩子比较细心，也比较敏感，她可能回来跟你说："妈，你看我跟女生A本来是最好的朋友，可是刚转学来的B姑娘这学期也开始加入到我们中间来，本来两个人的亲密就变成一个三角形了，我一直对A特别好，有笔记先借给她看，买了什么好东西肯定会给她带一份，考试我先答完也会在考场外面等着她，可是她为什么就不能对我也这样呢？我对她好也不要求她回报我什么，可是她竟然对 B 更好，这真是太没良心了，我好伤心啊……"作为家长，你怎么回应呢？如果放在生涯规划的框架下，我们可以用价值观来回应女儿，并可以教会她领会并运用价值观来解决现实中的各种苦恼跟困惑。对于女儿来说，友谊可能是第一位的，而对于 A 姑娘来说，可能友谊只排在第 4 位，甚至第 5 位。每个人的价值观都不同，具体价值观的排序也是不一样的。这很像我们有时候跟伴侣发生冲突，可能我们会说"你到底心里有没有我，你是不是不在乎这个家了？"事实上，只是因为彼此价值观的排序不同，有的人更看重工作，有的人更看重家庭，在不同价值观的主导下，当然在每一个领域所付出的时间、精力、金钱等就会不一样。

就像很多妈妈有了孩子，会宁愿把更多的时间和精力用在家庭的经营上，而不惜牺牲自己的事业，甚至完全离开职场回归家庭做起了全职主妇，对此，有些人家里的长辈表示不能理解，也不支持，说难道我供你读书上大学，读硕士博士就是为了有一天你在家洗衣服做饭带孩子吗？媒体和平台上的这种讨论也不在少数。事实上，离开了价值观谈选择，只能是漫无目的的口水战而已。当我们明确了自己的价值观，就会对自己的选择感到笃定，无论反对的声音有多少，我们也可以坚持下去，当我们明白了老一辈人的价值观，就会明白为什么儿女辞职会引发他们强烈的不安全感，当我们能够清晰自己的价值观，也能明白每个人的选择和行为都受制于价值观的时候，我们就会对这个世界多了一分理解，也就对他人和自己多了一分包容和接纳。

价值观是逐渐形成的，从我们出生开始，在家庭和社会的影响下慢慢形成，我们所处的时代、社会生产方式、我们个体及家庭在这个时期占据的经济地位等对价值观的形成产生了决定性的影响。价值观在一定程度上是不可逆的。就好像我们把一个鸡蛋煮熟了，是无法再把它变回那个生的鸡蛋的。价值观什么时候会发生改变呢，当他遭遇重大生活变故，或者认知随着年龄的增长、社会阅历的丰富，在这些情况下，价值观也是会发生变化的。

由于价值观不同，人们会产生不同的态度和行为。一个家庭里长大的孩子，有的人看重金钱，会努力拼搏用金钱的方式孝敬父母；有的人则看重亲情，宁愿守护在父母膝下，用天长地久的呵护来陪伴父母；有的人看重自由，父母在也远游，可能几年才来一封家书。一个班里的孩子，有人成长为正义的战士，也有人可能会沦为阶下囚；有人会无私奉献，也有人可能自私自利。

我们常说中学时代非常重要，因为这个阶段是孩子形成三观的重要阶段，但是有一点须注意，过去一个人满18周岁我们就说他成人了，这个"成"是什么意思呢，更多指的是人格成熟了。独生子女政策的推进，使人格成熟的年龄普遍推后了，往往现在一个人满25岁才达到了过去18岁就可以达到的人格成熟程度。在中学时代，作为家长和老师，除了学习，我们还必须帮助和教育孩子树立正确的世界观、人生观和价值观。在三观未完全形成的时期，孩子的自我认知和辨别能力还不足，必要的时候须对他们进行批评教育、行为训练，甚至认知调整。这也是为什么本书中会安排大量的练习，供各位带领孩子通过练习来提升自我认知水平和能力。

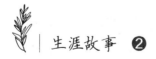

生涯故事　❷

米雅跟父母说，自己要报考师范学校，想以后当一名老师。母亲说，当老师好呀，虽然说这是一个很辛苦劳心伤神的职业，有寒暑假每年近两个月的假期，也挺不错，而且老师是人类灵魂的工程师嘛，妈妈支持你。爸爸说，老师也有很多种，幼儿园、小学、初中、高中、大学、培训机构老师……是非常不一样的，工作环境、报酬、发展空间等差异很大。你想当哪一种？米雅支支吾吾半天，终于小声地说，我想去支教。妈妈说，你说啥，去支教，去哪儿支教，去多久？爸爸也有点儿急了，你是大学读完去做志愿者的吧，不会一直留在那边吧？

米雅说："我想从高考结束开始，每年的寒暑假都去支教，这样一方面可以锻炼提升我的各方面能力，一方面也能让自己的能力及时地发挥出来。你们都有工作，而且非常稳定，养老也不成问题，我想让自己献身乡村的教育事业，因为我看了很多的报道，也查找了很多资料，发现中国农村太缺少好老师了，可是好老师往往又不愿意去，是呀，环境差，工资低，没有什么晋升空间，再加上找对象结婚生孩子什么的，不愿意去也很正常。我对金钱、晋升都没有欲望，我只想做让自己快乐也对别人有用的事情。"

米雅的妈妈很伤心，虽然她承认这是一个让她感到骄傲的女儿，但不可免俗，哪个妈妈不希望女儿风风光光的呢，要是真的去一个农村支教，还一去不回来，那可如何是好？

米雅的爸爸倒是有些欣慰，别看米雅平时柔柔弱弱的，看样子是下了不少功夫的，当老师，她肯定最适合，最能发挥自己的天赋和能力。他劝妻子，孩子现在还小，这不还没上大学吗，有个梦想总是好的，也许她毕业了真的去了，去做两年就回来了。这没什么大不了，许多国外的孩子高中结束就跑到更穷的地方做志愿者，然后再回去发展，也很好呀。

【生涯视角】

价值观对自身行为的定向和调节起着非常重要的作用。很多人说："我有选择障碍，为什么迟迟无法选择，因为价值观混乱。明天有个重要的商务谈判，可今晚有朋友生日聚会，去还是不去？"如果你的价值观里事业更靠前，那就在家养精蓄锐；如果友情更靠前，那就赶紧梳洗赴约吧；如果不清楚价值观的排序，那就必然纠结苦恼。

价值观决定人的自我认识，直接影响和决定一个人的理想、信念、生活目标和追求方向的性质。你看现在有的人买个包动辄就十几万，那是因为她更看重品牌、身份；有的人无论多有钱，她都只买纯棉、棉麻的衣服，因为她注重健康和舒适、自然和环保；有的人只买打折的、最便宜的东西，因为她惜金节俭。

比如孩子选择专业，你可能要考虑到学校所在的自然地理环境，那个城市的人文环境和经济发展，那里有没有认识的亲朋好友，那个专业是否有前途和钱景，孩子是否感兴趣……这些在我们的价值观里都会有。但是，当孩子的分数不那么理想，不能随你挑，而只能让学校和专业选择我们的时候，如何选择，那么多价值观可能只能满足一个，那往往选择的那个就代表了当下的需求。就像大学毕业找第一份工作，想谋生，想赚钱，想发展人脉，想获得新的技能，想有一个舒适或竞争激烈的环境，想被人尊重和认可，还要满足自己的兴趣和理想……但是去人才市场一看，那么多人，那么少的黄金职位，怎么办？家境不好的孩子可能兜里的钱连房租都不够付，那就赶紧选择一份能立马上岗很快发工资的工作，家境好的孩子无须考虑金钱方面的困扰，往往会从兴趣等方面出发，选择一个，无论我们选择哪个，最终选的那个就是此时此刻最深层次的需求。

为什么十年寒窗苦读，大家还是愿意坚持，因为最终高考结束的那一刻，所有的负担就都可以卸下来了，成绩出来的那一刻多么激动人心，通知书到手的那一瞬间，觉得所有的付出和痛苦都是值得的。

无论我们做什么，采取怎样的行动，如何克服困难最终抵达彼岸，在这一切背后给我们提供动力来源和能量支持的就是我们的价值观。

我们看到很多人坚持一份并不喜欢也不热爱的工作许多年，甚至一直到退休，你问他为什么不放弃，为什么不寻找新的，他可能会告诉你，这份工作是父亲传下来的，不能就这样断送在我的手中，他看重的是责任。有的人婚姻生活不幸福，但是可以坚持到孩子高考后再分手，是什么让他们可以忍受那么多年的伤心与寂寞，往往他们会说，为了孩子，为了给孩子一个圆满的家，一个学习不会被分心的避风港。有的人并不喜欢做生意，他的理想是做摄影家，但是他没钱，没钱买设备没钱出去，那只能先从零做起，做蛋糕，卖蛋糕，挣了钱去买器材然后搞摄影，好利来的创始人走的正是这样一条路。

📌 生涯工具箱 ❶

这个游戏适合你和伴侣、孩子一起来做。你们可以选择一个安静的午后或夜晚，放上一段悠然的轻音乐，一个人轻轻读出这段引导词，慢慢地读，每个问句后面都可以稍稍停顿一下，以给他们充分想象的空间。引导词结束，轻轻地带他们回到现实中，开始分享。然后由他们为你读，你来想象。这对一家人来说，是一个深度沟通和了解彼此，以及为家庭发展共商大计的好机会。

请用你感觉最舒服的姿势坐好，深深地吐气，缓缓地吸气，慢慢感觉到自己从头到脚都完完全全地放松了。

请你发挥你最大的想象力，想象你来到了十年来你感觉到最开心的那一天。早上，你像往常一样从一夜好梦中醒来，感觉到自己充满活力，心情非常好。一边穿衣服，一边想着即将开始的美好的一天，你兴奋，又期待。现在，你正穿的衣服是你为今天精心搭配的。穿好后，你看着镜中的自己，感觉到心情非常舒畅。此刻，看着镜中的自己，你身上的衣服是什么颜色呢？具体又是什么款式呢？发型又是怎样的呢？每一个细节，都彰显出你自己的品质和气质。

开始享受早餐了。看看今天早餐吃的是什么，盛放它们的餐具又是什么样子的？你满意地享用着这一切。有人跟你一起吗？跟你一起共进早餐的都有谁？看看他们的样子，看看他们身上穿的衣服是什么颜色，是什么样式，看看他们的表情。

接下来，你准备出发。你将要到一个非常棒的地方，开启今天的幸福之旅。看看你是开车出发，还是有司机来接你，亦或是搭乘其他的交通方式前往目的地。一路上，风景如何？你感受着自己的开心。这个地方离你的住处有多远呢？

现在你正走向这个地方，好好看看，它位于哪里？看起来怎样？你还见到了哪些人？你感受到自己的工作非常美好，让你感觉到有力量，并且能够给他人希望。

你被邀请到领奖台，感受自己健步向前走，非常意气风发。看看主持人的发型和他的衣着，这让你感觉非常激动。从他手中接过奖杯和证书，你的心情又是怎样的呢？他邀请你发表获奖感言，你又是如何表达的呢？

当你用感恩的心情看着周围的其他人，你从他们的脸上看到了开心、为你感到骄傲、对你的信任和支持。看看他们都是谁。

你走下来，许多人向你表示祝贺，谁第一个开口，他对你说了什么？你们之间的关系是什么？你又是如何回复他的呢？

……

完全沉浸在这种美好、幸福的氛围和感受中。

到吃午饭的时候了，你准备去哪儿吃饭？有谁跟你同行？你们在相伴而行的路上会聊些什么？午餐的时间非常轻松愉悦。尽情地享受这一切吧。

现在回到工作中来，带着美好的心情，完成这一天的工作任务。你的工作环境如何？是在家办公，还是办公室？你的办公空间是什么类型的呢？室内还是户外？你是独享一间办公室，还是和大家共用一个空间呢？你的工作更多是独当一面，还是需要多部门通力合作？离你最近的同事或领导是谁呢？下午的工作对你来说意味着什么呢？你什么时候结束工作？在离开前，你完成的最后一项工作是什么？下班后，你会如何安排自己的夜生活呢？

美好的一天结束了，夜深人静的时候，你躺在舒适的床上，开始回顾这一天，哪些事情让你感觉到非常有收获、心满意足和快乐呢？

带着这些美好和收获，你渐渐进入美妙的梦乡。

通过未来之旅，你穿越到3年、5年、10年后，通过视觉、听觉、嗅觉、味觉、触觉、直觉，全面、直观、立体地近距离体验未来自己理想的生活状态和工作状态。关于衣着、装扮、领奖、工作场所、朋友同事家人等进行全方位的综合想象，会给当下的我们带来许多有益的信息，让我们更加明确自己内在的动力和追求，这会给当下的我们带来十足的力量和源源不断的内在动力。

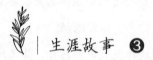

生涯故事 ❸

邱翰的父母最近简直都要崩溃了。他们发现儿子居然偷偷收藏了几十条裙子！你能想象到搬家时他们帮儿子整理房间打包东西时候的震惊表情吗？几十条裙子啊！从抹胸到背带裙，从礼服到校服裙……还真挺齐全！关键如果是收藏也就罢了，居然还都看起来有点儿旧了……怕是已经穿了不少次了……

难道自己的儿子是异装癖？或者是娘娘腔、同性恋……天呢，邱翰的妈妈差点就晕了过去。

他们不知道该怎么问儿子，一方面，生怕儿子说出他们害怕面对的事情来。另一方面，本来儿子这几天就不愿意理他们，关系很僵，万一没说好，彻底决裂了怎么办？

几天前，读高二的儿子突然说不想参加高考了，如果可以，最好现在就给他转到职业高中去。

　　这打击太大了！儿子虽然成绩不是数一数二，但是上名校好专业是稳稳的，而且儿子还有美术特长，得过不少奖，这怎么说不考就不考了，还非得去高职呢？

【生涯视角】

　　日本学者田崎仁把职业价值观分为九种类型（见图5 - 1和表5 -5）。

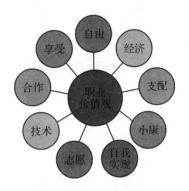

图5 -1　田崎仁职业价值观

表5 -5　职业价值观类型

职业价值观类型	特点	兴趣代码、人格代码	相处、沟通技巧	职业
自由型	在一定程度上不受别人指使，不愿受人干涉。想充分施展自己的本领	A	1. 家长和老师，只跟自由型孩子要结果，忽略态度、方式和过程，只要结果达标，怎么做都可以。不然就是自寻苦恼，搞不好关系破裂 2. 必须界限清晰，结果要精确到日期和分钟，衡量标准要表达清晰 举例：一个月后期中考试，这个月你怎么玩都可以，期中考试必须达到总分多少，名次多少。达标了，继续自由，不达标，按我说的做	室内装饰专家、摄影师、作家、演员、记者、诗人、作曲家、编剧、雕刻家、漫画家等

职业价值观类型	特点	兴趣代码、人格代码	相处、沟通技巧	职业
经济型	各种关系都是建立在金钱基础上的，确信金钱的重要作用	各种类型都有	1. 这种价值观不是偶然形成的，要接纳和理解，并善于加以利用。不要改变和批判，要引导 2. 只要不违法不危害他人，都可以 3. 在必要的时候，可以物质奖励或诱惑	各种类型都有
支配型	追求掌控和决策权，拥有权利	E	因为不安全，所以要控制；因为脆弱，所以要权利；因为成就感，所以要说了算……放权，给他歌颂、赞美、尊重、支持	
自尊型小康型	优越感强。渴望能有社会地位和名誉，希望常常受到众人尊敬。欲望得不到满足时，反而很自卑		1. 告诉他：没有那么多人在乎你 2. 给他足够的爱和信任，以帮助他突破恐惧，发展爱和建立亲密关系的能力 3. 可以尝试精神分析咨询与治疗	记账员、会计、银行出纳、法庭速记员、成本估算员、税务员、核算员、打字员、办公室职员、统计员、计算机操作员等
自我实现型	不关心平常的幸福，一心一意想发挥个性，追求真理		不考虑收入、地位及他人对自己的看法，尽力挖掘自己的潜力，施展自己的本领，并视此为有意义的生活。根据马斯洛的需求层次理论，也许注定自我实现型的人会遭遇很多现实的考验和磨难。你可以帮助他逐步摆脱需求对他的影响，他的生理需求解决了、尊重解决了、爱与被爱解决了，才有机会和可能自我实现	

续表

职业价值观类型	特点	兴趣代码、人格代码	相处、沟通技巧	职业
志愿型	富于同情心，把他人的痛苦视为自己的痛苦，不愿意干表面上哗众取宠的事，把默默地帮助不幸的人当成自己无比的快乐	S	上帝对修女说，人间你要去的地方都很黑暗，一盏灯能照亮吗？修女说，让我试试吧 志愿型的人以付出为快乐，以奉献为己任。除了提供必要的支持和陪伴，你也可以用身体力行来影响他，让他慢慢可以体会到，将自己的杯子装满了，才可能真正帮到他人	社会学者、导游、福利机构工作者、咨询人员、社会工作者、教师、护士等
技术型	性格沉稳，做事组织严密、井井有条，并且对未来保持平常心态	R ISTJ ISTP	与技术型的人打交道，你要能够接受他的"无趣"和沉闷，这只是他们习惯性的表现方式而已。不要过分干预，试着从另外的角度，去发现他们身上的美。在他们的专业方面，给予尊重和认同，这是给他们最好的正向强化	工程师、飞机机械师、自动化技师、机械工、电工、机械制图等
合作型	人际关系较好，朋友是最大财富。讲义气	S ISFJ	士为知己者死，知音难觅，这是他们的心声。你要做的是，试试成为他们的良师益友。不要高高在上，而是平等交流。给他们多提供可以合作的机会，在合作中学习，在合作中成长	公关人员、人员、秘书等
享受型	喜欢安逸的生活，不愿意从事任何具有挑战力的工作	无固定类型	将难度降低，在完成后及时予以正向反馈和强化。不然，会把他们吓跑	无固定类型被动选择

想去支教的女孩的职业价值观就是志愿。她希望自己可以真的做些什么来服务社会、奉献青春，她的职业价值观还有自我实现的要求，希望可以成长为自己想要成为的样子，做自己喜欢的、擅长的事情。她的父母可能更关注小康水平，希望孩子过一种稳定的常规的生活，不要冒险，不用出人头地，能比下有余不是最差的就好。她父母的职业价值观可能还有技术的要求，毕竟这个飞快发展的时代，一技傍身可能是最安全的。

生涯故事主人公邱翰则关注自由，你让我写作业，我听着歌抖着腿，甚至看着电视也能写，你管我那么多何用，我只要完成作业不就可以了；你想让我有个好工作、好事业，我特别喜欢特立独行，希望做一个独立服装设计师，那些漂亮的裙子，都是经过我设计之后打版的样品，这不是也很好吗？

有的人可能特别关注经济，在择业或者跳槽的时候，特别关注薪酬福利，如果达不到他的预期，就会果断放弃。比如邱翰，在他十年的幻想之旅中，他可以看到自己穿的是什么品牌的衣服，开着什么车，住着多么豪华的别墅，所以他认真想了想，觉得上大学可能并不是唯一的出路，如果能够转学到职高，自己可以缩短进程，提早进入设计领域，赚钱自然要趁早。

也有人看重支配权力，他的十年后可能就是带领一个团队，指挥手下冲锋陷阵，他运筹帷幄。对于这样的孩子和学生，让他去承担一定的责任负责管理一部分事物或者人是最好的。比如，让一个数学学习有困难的孩子当数学课代表；让一个纪律表现不佳的权力型孩子当班长，你会发现他们很快会有大的变化。有人喜欢天马行空做独行侠，比如前面喜欢自由的人，而偏有人就喜欢混在团队里，有合作才有趣，他十年后站在领奖台上，很可能第一句话就是感谢团队。享受，是我们很向往的一种状态，无论生活、学习还是工作，都如鱼得水，非常享受，乐在其中，那是一种很美好的境界。

🔑 生涯工具箱 ❷

请你慢慢地回想在生命的这个历程，哪些人的人生在你看来是精彩的，哪些人的人生是你所向往的，哪些人是你非常崇拜、敬仰和欣赏的？请你至少列出 5 位来，写出每个人吸引你的特点，每个人至少写出 5 个关键词（见表 5 - 6）。

表 5 - 6　我最欣赏的人

序号	崇拜和欣赏的人	特点关键词
1		
2		
3		
4		
5		

一千个人眼中就会有一千个哈姆雷特。在别人的故事中，流自己的眼泪。同样，在这个练习中，你选择了谁，你欣赏了谁的什么，都是受到价值观的影响。有句话一度非常流行："亲爱的，外面没有别人，只有你自己"，这句话翻译过来，意思就是"我们喜欢他人，也是喜欢自己"，我们喜欢他人的那些点，也是我们自己喜欢的、向往的、期待自己拥有或实现的，是一个理想化期待中的自我形象。同理，我们讨厌一个人，也是讨厌我们自己，我们讨厌他人的地方，也是我们不能接纳自己的部分。

将以上所有关键词经进统计和整理（见表 5 - 7），看看反复出现的那些关键词是否就是你现阶段的价值观。

表 5 – 7　价值观澄清与排序

序号	价值观
1	
2	
3	
4	
5	

🔑｜ 生涯工具箱 ❸

萨柏（Supper，1970）编制的"职业价值观量表"在西方广为流行，影响较大。他把职业价值分成三个维度，即内在职业价值（与职业本身性质有关的因素，如职业的创造力、独立意识等）、外在职业价值（与职业本身性质无关的因素，如工作环境、同事关系、领导关系、职业变动性等）和外在报酬（在职业活动中能获得的因素，包括职业安全、声誉、经济报酬、职业带来的生活方式等），通过这三种维度的不同组合，萨柏总结出了 13 种价值观，具体如表 5 –8 所示。

表 5 –8　萨柏的价值观

序号	价值观类型	含义	生命故事（成就篇）				
			1	2	3	4	5
1	利他主义	总是为他人着想，认为工作的目的和价值在于直接为大众的幸福和利益尽一份力					
2	审美主义	职业价值观倾向是美感。认为工作的目的和价值在于能不断地追求美的东西，得到美的享受					

序号	价值观类型	含义	生命故事（成就篇）				
			1	2	3	4	5
3	智力刺激	职业价值观倾向是智力刺激。认为工作的目的和价值在于不断进行智力开发、动脑思考、学习和探索新事物、解决新问题					
4	成就动机	职业价值观观倾向是成就感。认为工作的目的和价值在于不断创新、不断取得成就、不断得到领导和同事的赞扬或不断实现自己想要做的事					
5	自主独立	职业价值观倾向是独立地位。认为工作的目的和价值在于能充分发挥自己的独立性和主动性，按自己的方式、步调或想法去做，不受他人的干扰					
6	社会地位	职业价值观倾向是社会地位。认为工作的目的和价值在于所从事的工作在人们的心目中有较高的社会地位，从而使自己得到他人的重视与尊敬					
7	权力控制	职业价值观倾向是管理。认为工作的目的和价值在于获得对他人或某事的管理权，能指挥和调遣一定范围内的人或事物					
8	经济报酬	价值观倾向是经济报酬。认为工作的目的和价值在于获得优厚的报酬，使自己有足够的财力去获得自己想要的东西，使生活过得较为富足					
9	社会交往	职业价值观倾向是社会交际。认为工作的目的和价值在于能和各种人交往，建立比较广泛的社会联系和关系，甚至能和知名人物结识					

序号	价值观类型	含义	生命故事（成就篇）				
			1	2	3	4	5
10	安全稳定	职业价值观倾向是安全感。希望不管自己能力怎样，在工作中都要有一个安稳的局面，不会因为奖金、加工资、调动工作或领导训斥等而经常提心吊胆、心烦意乱					
11	轻松舒适	职业价值观倾向是舒适。希望将工作作为一种消遣或享受的形式，追求比较舒适、轻松、自由、优越的工作条件和环境					
12	人际关系	职业价值观倾向是人际关系。希望一起工作的大多数同事和领导人品较好，相处在一起感到愉快、自然，认为这就是很有价值的事，是一种极大的满足感					
13	追求新意	职业价值观倾向是变异性。希望工作的内容应该经常变换，使工作和生活显得丰富多彩，不单调枯燥					

本章第二节撰写的生涯故事，可以参考表 5 - 8 中 13 项价值观重新梳理，从中找出价值观。

我们对自己和他人的价值观越了解、越清晰，就越能够接纳、尊重和理解他人。以上的这些练习，无论对我们本人的生涯发展，还是对了解孩子、帮助孩子更好地规划现在和未来，都具有非常重大的意义和影响。

还记得本章第四节生涯故事❸中的邱翰吗？在做了价值观游戏和测试后，他的父母终于放下心来，他并不是心理变态，也不是同性恋倾向，只是他现阶段价值观排在前三位的分别是：审美主义、成就动机和追求新意。他一直非常喜欢美，尤其喜欢服饰所体现的美感，特别小的时候，他不仅坚持选自己要穿的衣服，还经常指点父母购物和服饰搭配，开始时父母并不相信，但是每次事实都证明邱翰的推荐效果确实更好。因为父母一直希望他能够考上大学，走一条相对大众的发展道路，所以他一直没有说出自己的职业理想——成为一名服装设计师，只是利用自己的课余时间，自己翻看时尚杂志，自己画设计图，把零花钱和压岁钱都用来找小裁缝店给自己设计的衣服进行打版，然后再央求好朋友和同学试穿，看效果。他不想让父母担心，但也不想轻易放弃自己的目标。升入高中后，虽然成绩还是挺好的，但是感觉越来越不快乐，因为他发现自己很难在学习和考试中找寻到成就感和创意，而且同学们都变得特别忙碌，一心备战高考，也没什么人愿意配合他的服饰计划，他感到孤立无援，很痛苦。又上网查了很多资料，发现职高里的课程安排更轻松，能更早接触专业课和企业的实习机会。他想了很久，觉得也许职高的发展更适合自己，而不是留在传统的高中里，通过文化课的学习和比拼进入一所大学。

当父母了解到这些，他们感到很惊讶，也为自己疏忽孩子的梦想和爱好感到羞愧。在咨询师的推荐下，他们利用周末和小长假，走访了一些服装设计工作室，也拜访了几位业内知名的服装设计师，还去了几所开设有相关专业的大学和职高，进行实地考察和了解。在相对充足地了解这一切后，邱翰和父母重新回到了咨询室，邱翰郑重地对我说，老师，我不转学了，我还是想要有更高的起点，我要参加高考，上一所在这个领域有突出贡献的大学，读一个跟我匹配的专业。我笑着问他，那你的成就感和创新意愿通过什么来满足呢？他的眼眸中闪烁着兴奋感，他悄悄地对我说，这次带着自己以往的设计作品去考察，好几位老师都对自己的作品赞赏有加，同时也提出了好多修改意见，都是自己过去没有想到的，感觉学习到了很多，我可以继续在业余的时间搞新创作，或者对原有的作品进行修改，他们都表示会支持我，我可以随时把作品寄过去给他们审阅。邱翰的父母也从愁眉不展变得轻松和快乐，他们说幸亏及时了解了孩子和自己的价值观，明白了许多冲突的根源，现在跟孩子的沟通变得更加顺畅了，幸好走进了幸福学院的生涯规划咨询室，想当初差点把孩子当心理变态看，真是差一点就耽误了孩子的前途。在离开咨询室时，邱翰的妈妈对我说："刘老师，如果有机会，希望您能把这个故事写出来，让更多的父母看到，爱孩子光有发自内心的爱是不够的，爱也是须学习的，尤其是当孩子进入青春期，我们会有很多意见不统一的时候，不要因为自己疏于学习，不甚了解，就随意给孩子贴标签啊，过分自由和过分干预都不是明智的，我们真的应该早点学习，不仅能更好地帮助孩子，对家长自己也是一个提升的机会。"

看着他们离去的身影，我感觉到非常喜悦。生涯规划师就是这样一份自助助人的工作，我们在人们处于黑暗期的时候，点燃一支小小的蜡烛，让他感受到光明。每个人都是自己生命问题的专家，生涯规划师所做的，不过是用光将他本真生命中的潜能唤醒。

史蒂夫·乔布斯（Steve Jobs）发表过许多激动人心的演讲："你的心知道方向和希望之所在。""你一定要找到你所挚爱的工作，因为工作将会占据你生命中大部分时间，唯一真正能让你自己满意的是做你认为伟大的工作，而从事伟大的工作唯一的办法就是热爱你的事业。如果你至今还没有寻觅到你热爱的工作，那么不要放弃，继续寻找。也许你非常幸运，正在从事着乔布斯所描绘的这种适合你并且你也热爱的工作和生活，如果很不幸，你的真实经历恰恰相反，那么，借着我们对孩子的爱，借着我们对孩子美好未来的憧憬，我们不妨在孩子这个非常重要的发展时期，和他一起去探寻，探寻内心所知道的方向和希望，"找到你挚爱的工作，那么，太阳还没升起时，你就迫不及待地去做你热爱的工作了。"

史蒂夫·乔布斯说："我们来到世间，就是为了要在宇宙中留下不朽的印记。"青春期的孩子无不希望自己是独特的。当我们可以通过种种生涯工具来探索这个独特的生命，就可以给孩子提供越来越多的生命养分和学习动力。

这个世间，还有什么比成长为自己的样子，更充满诱惑和号召力的呢？

第六章

Chapter Six

成长的协调配合

第一节 | 一个朋友也没有

 生涯故事

　　尹理芳生活在一个和睦的家庭中，妈妈说她比较内向，成绩也还不错，但是最近发现女儿出现了一些状况，感觉她非常消沉，眼睛时常红肿着，经过沟通得知女儿不知道什么原因总是想哭，内心感觉到非常压抑和痛苦。女儿也说自己很孤单，无法专心学习。于是母亲带她来寻求帮助。

　　第一次见面，尹理芳看上去有些紧张，手一直揉搓着衣角，我刚刚坐下，她就开始流眼泪，眼泪吧嗒吧嗒地掉下来。想起妈妈描述的情况，我想她一定是遇到什么困难了。我静静地坐在她的对面，等她稍微平静下来，我说："我能感受到你现在的心情，如果你需要，可以让眼泪帮你舒缓一下。如果你准备好了，可以跟我说说，是什么让你来到我这里。"

尹理芳不好意思地擦擦眼泪，咬了咬嘴唇，像下了决心的样子，说："我也不知道是怎么回事，好像也没有什么事情啊，但是我就是想哭，常常不知不觉眼泪就下来了，我似乎完全控制不住。"

我说："我也有过这样的经历，每个人都会有，这是正常的，是成长阶段必须要经历的部分。这的确让人感觉到难受，不过你可以想想看，什么时候会不想哭呢？"

尹理芳很努力地想了半天，说："不哭……有时候上着课眼泪也就滚下来了，下课、在家里，都会有这样的情况发生。好像没有不想哭的时候，我一直都很想哭。"

"嗯，你一直都很想哭。那你在学校更想哭，还是在家里更想哭呢？"

尹理芳歪着头想了一会儿说，"好像都想哭，如果非得选一个，可能在学校更想哭。我在家的时间少，基本上回来就睡觉了，醒来就上学了。"

"嗯，你在家的时间少。那再来想想看，上课时更想哭，还是下课时更想哭呢？"

尹理芳沉吟了一会儿，说："下课吧，上课的时候我似乎还能控制自己，虽然有时候眼泪也会流下来，但我会马上擦掉，现在还没有老师注意到我上课会哭。可是下课的时候，我就完全失控了。看着其他同学三三两两结伴而行或说说笑笑，我觉得自己一个人杵在座位上的样子滑稽极了，我没有朋友，这让我很难受。"

"你说自己没有朋友，这让你感觉到很难受。如果你有朋友了，你觉得你的朋友是什么样子的，你们之间会如何相处？"

尹理芳认真想了会儿，说："我觉得朋友就是《高山流水》的那种感觉，不需要言语，她就可以懂得你的心情，哪怕很久不见面，但是依然心有灵犀。这是朋友的最高境界，就是人们总说的'知音'，我知道这种感觉是可遇不可求的，因此每当想到这些，就会感觉更加失落了。"

"嗯，你希望能够拥有'知音'，假如你有了'知音'，你会给这样的朋友打几分呢?"

尹理芳的眼睛亮了起来："必须是 10 分啊，一定是 10 分，满分，是友谊的最高境界。"

"嗯，这样的朋友是 10 分，很好。你刚才说自己没有朋友，是说没有几分的朋友呢?"

"嗯，我肯定没有'知音'这样 10 分的朋友啊。"

"不妨检视一下你生活、学校的交际圈子，仔细搜索一下，看看你有几分的朋友?"

"我有 5 分的朋友，她是我的同桌，我哭的时候，她常常会问我怎么了，还给我买纸巾。可是我挺讨厌她嘘寒问暖的，她问我我也不说。"

"嗯，一位 5 分的朋友，还有吗?"

"我还有 6 分的朋友，可惜我们不在同一个班里，她是我参加竞赛辅导班认识的，在隔壁班，以前我们下课时常常约着一起去厕所，路上她会说很多，我负责听。"

"嗯，一位 5 分，一位 6 分。还有吗?"

"剩下的就是低于 5 分的了，跟普通同学没有太大区别，有很多这样的朋友，就是互相借借东西，路上遇到了打个招呼什么的，如果学习上有问题请教，他们也会告诉我的。"

"嗯，很多位 5 分以下的朋友，一位 5 分朋友，一位 6 分朋友。是这样吗?"

"老师，还真的是。我从没有这样为朋友打分过，原来我不是没有朋友，我有，只是我一直很想有 10 分的朋友，所以就忽略了他们。"

"你有许多朋友，这是一件值得开心的事情。"

"是的，我现在感觉就比刚进来的时候舒服多了。刚开始我觉得自己憋闷坏了，所以就会忍不住想哭。现在想到居然有这么多朋友，我觉得自己没有那么孤单了，胸口的憋闷也松快了。"

"老师，你能教教我吗，怎么才能拥有 10 分的朋友呢？我爸爸曾经对我说，朋友多了没有用，人生得一知己足矣。我也很想找到这样的朋友。但是不知道去哪儿找，怎么找？"

看来问题的原委自己出来了，爸爸的观点被女儿内化于心了，从而过分执着于追求 10 分的朋友，而忽略了现实中的人际关系。我点点头，"假如你今晚回去睡了一觉，明天醒来，奇迹发生了，你找到了 10 分的知己朋友，你会有什么变化？"

尹理芳："真的吗？那太好了。我肯定再也不会愁眉苦脸了，学习也能专注了，生活里也变得有活力了。"

"那你会和她在一起做些什么呢？"

"我会主动了解她，了解她的性格和脾气，知道她的爱好，她的梦想……这样才能跟她心有灵犀。在开始的时候，我们也会像其他分数不高的朋友，形影不离，一起聊天，一起学习……等到我们都很了解彼此了，就不需要总黏在一起，但是感情仍然特别好。"

"她告诉你，你可以如何去找到她？"

"她说我就在她身边，只要我像刚才说的那样去做，就一定能找到她。老师，我知道了，我一直觉得自己没有朋友，所以他们来关心我的时候，我也不愿意理他们，他们离开后我又觉得孤单、害怕，是因为我自己没有主动过……"

【生涯视角】

青春期的中学生自我意识在不断增强，但是这种自我意识的发展还处在早期阶段，很多情况下无法正确、全面地评估自己，也无法正确全面地看待事物。家长和老师这时候就须承担起"引路人"的角色，在他们道路有偏颇的时候适时加以提醒和纠正。尹理芳的爸爸跟她真实分享自己的人生体悟，这是很好的亲子沟通和交流，会增进父女关系，但是爸爸忽略了这是自己多年人生总结的经验，而女儿的交友历程才不过刚刚开始，爸爸可能是无心的一句话，但是说者无心听者有意，女儿记在了心里，再加上她平时比较内向，不太容易直接把所思所想跟身边人分享，所以出了问题大家也不知道她的真实想法。这也充分提醒中学生的家长和老师要多观察、多关注，及时发现孩子的一些异常情况，比如轻视自己、非常自卑，认为自己处处不如别人（尹理芳就是这种情况，她认为其他人都有好朋友，而自己没有，事实上是拿 10 分跟 5 分比较，显然选错了参照物），容易使自己不知不觉中陷入负面情绪，如抑郁、焦虑、恐惧等（尹理芳无法控制哭泣、学习不能集中注意力，都是负面情绪的表现，如果发现不及时，很容易产生心理障碍）。

青春期这个阶段是生涯发展历程中一个特别需要呵护的阶段，不同于过去的生涯阶段，你主动沟通就可以，很多时候往往你问了，也问不出来，因为她们自己也不知道。

处在这个生涯阶段的中学生十分渴望成人可以不再把他们当成孩子看，他们渴望平等对话，希望能够把他们也当成成熟的大人来看。当我们运用表 6-1 所列举的超常提问法，可以让孩子们感受到不一样的尊重，因为他们不喜欢专家、权威。人本主义相信"每个人都是自己生命问题的解决专家"，对于青春期的中学生进行这样的提问，恰巧可以满足他们被成人化对待的内心渴望，还可以让他们从当下的泥潭中跳脱出来，从未来的视角为当下的困境提供解决问题的方案和方法，更为重要的是，这种方法是让孩子们自己发挥主观能动性想出来的，这也可以满足他们的自尊心，可以提升他们解决问题的能力，如果是我们说教、告知解决方案，有时候他们会明明知道是对的，但仍然不愿意尝试。

🔑 | 生涯工具箱 ❶

表 6 - 1　超常规提问表

序号	超常提问	问句示例
1	奇迹提问	假设有一天醒来，你发现你今天面临的问题突然解决了，你会做什么？有什么变化
2	水晶球提问	如果在你的面前有一个水晶球，你从水晶球里面看到了 10 年后的你，那时你的目标已经达到，那时你有哪些变化
3	拟人化提问	假设你是家里客厅房顶的一盏灯（教室里的黑板、你的书包），能看到你目标达成后的变化，那你想象一下那时你的行为会是什么样的
4	结局式提问	假设今天是你最后一次来这里，你希望走出去之后的你是什么样子的
5	转化提问	下一次我们再聊这个问题，你猜猜自己会有什么小的变化
6	留作业	邀请他在接下来的几天内仔细观察记录，看自己的表现会有哪些不同

【生涯视角】

尹理芳真的是一个朋友都没有吗？当然不是这样。但是当她用这个问题把自己困住之后，就无法看到自己所拥有的各种资源，自然也就深陷忧郁的泥潭中了。

以中学生为例，一次考试成绩不理想，他可能会难受好几天，表现出忧郁、痛苦、内疚等情绪；看了一部恐怖片或听了一个鬼故事，可能会好几天都笼罩在害怕、恐惧的情绪中。以我们成年人自己为例，有人可能因为上班迟到而会被扣奖金而感到生气和自责，因为孩子成绩下降而焦虑……这些情绪都属于正常的心理反应，对我们自身有积极作用，是机体自主的心理防卫作用。

但如果孩子一次成绩没考好，就觉得自己什么也做不好，怀疑自己智商低，认为自己考不上大学，对不起父母，或者埋怨出题太难、任科老师方法不够灵活、自己对学习完全没有兴趣……或者孩子看了恐怖片、听了鬼故事以后一段时间都害怕，不敢上厕所，不敢关灯睡觉，总觉得衣柜里藏着怪物，铅笔盒里也有机关，看到一个背影也会吓一跳……一个人如果因为迟到被扣奖金，从此每天上班路上都十分紧张，生怕再次迟到，但偏偏每次都会遇到各种各样的问题导致工作迟到，或者没有迟到但会频繁看表……这时候，我们就须注意，他们的反应已经超出了正常的情绪反应，有可能产生了一般心理问题、严重心理问题，甚至神经症等。

许多后来被送诊心理咨询、心理治疗的人，往往都是在初期没有有效疏导和干预，从而引起了后续的严重反应。

那么，作为父母和老师，如何在早期能够有效帮助学生疏导和干预情绪，及早发现及早解决呢？

生涯工具箱 ❷

刻度法是一个不错的工具。它会帮助我们了解无形的情绪，具体处在一个怎样的程度，也可以帮助我们，将一个问题进行量化。

比如，一个学生上课说话，被老师批评了，他感觉到非常不舒服，我们可以问他，非常舒服是 10 分，非常不舒服是 0 分，请他为自己的不舒服打分，如果得分在 4 分以下，他可以自己消化掉，如果得分在 5 分以上，我们须提供一些方法帮助他。

再比如，很多孩子会说自己考试紧张，具体有多紧张呢？我们可以请他用刻度法进行打分：有的孩子打 2~3 分，是正常的；有的孩子说打 10 分，则须干预。

有的孩子会遇到人际关系的问题，她可能说自己很讨厌一个同学，或者很不喜欢一个老师，也可以让她进行打分评估。

能量绘画法可以在任何地方进行应用，可以使用纸张、画笔，也可以仅仅想象，效果往往都是立竿见影的，孩子和大人都可以使用。

应用刻度法进行评分后，感觉须处理，不妨拿出纸笔，在纸张左上角，写下情绪和分数，然后画一个大圆，越大越好，在这张纸的范围内。接下来，想着不开心的事情，随意在圆里画，画什么都可以，怎么画都可以，画多久也都可以。画好后，在原来的分数后再写下新的分数，这时候，往往原来8分的负面情绪，已经降低到了2分，甚至0分，或者原来5分的，已经升到了8分。没有纸笔怎么办呢？那就用想象法，想象你面前有一个很大的黑板，尽自己最大的能量，画出一个很大的圆，然后在圆里进行作画，方法同上。

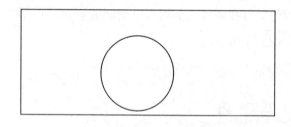

画完后，如果负面情绪仍然比较强烈，可以多画几个，直到情绪慢慢平复。在北师大一附中、二附中等重点中学，我常用这样的方法为高三的学生们进行考前减压，降低焦虑水平，从模考高考状态以及成绩来看，效果非常好。

【生涯视角】

无论在生涯的哪个阶段，人际关系都是一个重要的内容，甚至我们可以认为人际关系的品质直接影响着生涯的满意度和幸福度。人际交往是双向的，既须接受他人发出的邀请信息，也须向他人发出邀请信息。人际交往也是须学习和经营的，很多人具备建立关系的能力，但是很难维护一段持久的关系，人际交往中各种各样或丰富复杂或简单单纯的情境，需要当事人采用不同的处理方式和沟通方式。

作为父母和老师，我们既可以在日常生活中身体力行来示范正确的人际交往方式，还可以利用节假日和一些具有纪念意义的特殊日子带动孩子一起来为经营人际关系做一些有益的尝试。

许多孩子在中学生涯中深受人际关系考验和煎熬，往往是因为他们着眼于原因和问题本身，比如"她到底为什么不喜欢我呀，我也没做错什么""我对她那么好，她怎么就跟别人更好呢""他们都有共同的话题，我很难融入进去"……从生涯发展的角度，我们可以把关注点放在探索问题的解决方法上，用更为正向的思维和行动促进生涯朝更好的方向发展。

生涯工具箱 ❸

利用人际关系清单（见表6-2），我们可以全面评估自己的人际关系现状：如果是父母、老师应用，可以增加"雇主、同事、领导、客户"等分类；如果是学生使用，可以在分类后添加更多表格，将具体人名填入。这样，我们须在人际关系领域付出的时间和精力就一目了然了。

表6-2　人际关系清单

分类	现实分值	理想分值	你可以做些什么
父母			
老朋友			
现在的同学			
现在的朋友			
亲戚			
校友			
邻居			
网友			
其他			

🔑 | 生涯工具箱 ❹

好人缘的必修课——夸夸宝

尹理芳决定主动出击，找到 10 分的朋友。可是如何主动出击呢？她犯了难。我邀请她尝试用这个"夸夸宝"的方法，她选择了 6 分的好朋友小雨，第一次尝试列表见表 6–3。

表 6–3　夸夸宝

小雨	优点	事件	感受
1	体贴	有一次我的"好朋友"来了，弄脏了衣服。她看到了，悄悄脱下外套系在我的腰间	温暖、感动
2	勤奋	她每天坚持做读书笔记，已经写了厚厚几大本	羡慕、钦佩
3	乐观	她有一次没考好，要是换我肯定就哭鼻子了。但是她说，这是告诉我有提升空间呢，这么大的提升空间，我得赶紧努力	钦佩

通过这个表格，她把朋友身上最打动她的 3 个优点、相关的事件、事件带给自己的感受逐项列出，这样，她对朋友的好感度又增加了 2 分，现在 6 分的朋友已经变成 8 分了。

接下来，我邀请她寻找机会，将这些用口头表达的方式分享给好朋友，为了克服自己害羞的毛病，她在家里对着镜子练习了好久，直到感觉自然了，因为平常很少跟同学沟通，更从来没有这样明目张胆地夸过谁。当她一气呵成跟好朋友说出这些时，好朋友简直太开心了，当下就回送了她 3 个优点。第一次受到朋友当面夸赞，尹理芳别提有多开心了。她决定继续用这个方法来跟身边的人沟通。

我们常说"赞美"是最美好的正能量，可是如何赞美呢？在我们深受谦虚、含蓄影响的传统人际环境里和教育环境里，我们往往忽略了对身边人的赞美，偶尔看到谁说赞美是必要的，心血来潮也会尝试一下，可是得到的反馈并不理想，伴侣会问"你这是怎么了，怪怪的，说吧，有什么要求"，孩子有时候会觉得我们太假、太虚伪，可见，"赞美"也是须学习和练习的。

上面这个工具重点在于，我们找出了对方身上的优点，并且具体说出是什么让我们感觉到他的这个优点，有了具体事件做支撑，就不会让人觉得突兀和虚伪，并且我们真实分享了自己对此的感受，这样就是一种心和心的沟通，会拉近彼此间的距离。

这个工具既可以用口头表达，也可以用短信、手写卡片、邮件的方式来表达。作为日常人际关系的经营和别出心裁的节日问候，是非常受欢迎的。

对于有负面印象的交往对象（孩子、伴侣、朋友等），不妨也试着用这个工具找出他身上正面的部分，你慢慢地就会发现，对他的印象会逐渐改观，人际关系的品质也会极大地提升。

第二节　家长如何与老师沟通？

生涯故事 ❶

李玉是一家国企的部门经理，她的儿子就读于某重点中学。儿子成绩不错，就是比较调皮。她常常会接到老师的告状电话。说句实话，每次要开家长会，她的心里就直打鼓。小学阶段感觉还好一些，到了中学阶段，儿子似乎更顽皮了。她真是无可奈何。给孩子讲道理、立规矩，威逼利诱，但儿子在学校里还是我行我素。

这一天，她又接到老师的电话，让放学后来学校找老师面谈。谁知道这家伙又干啥了啊，真是不知道该怎么教育了。还不敢跟孩子爸爸说，孩子爸爸常年出差，见面要么亲要么打。工作压力，孩子顽劣，生活琐碎……李玉感觉到有点儿呼吸困难了……

张昊上课玩同桌的帽子，这节课正好是班主任老师的课。班主任老师第一次比较温和地提醒了他。结果，张昊继续玩，甚至还把帽子高高地抛起又接住。老师点名批评了他，让他下不为例。可张昊丝毫不往心里去，继续玩，还玩出了更多的花样，拿笔杆顶起帽子，用脚顶起帽子……这下可把班主任气坏了。全班同学也没什么心思听课了，本来下午的课，就昏昏沉沉地听不进去，这下子出了个大活宝，这么精彩的戏，谁还有心思听课。

老师直接把张昊领到操场上，让他站在操场中间表演。课也不讲了，让大家自习写作业。

李玉从办公室赶到学校的时候，学校正放学，学生们正高高兴兴叽叽喳喳地走出校门。有个女孩跟李玉打了个招呼，这孩子是李玉家从前的邻居，两个孩子几乎一直都是同班。她悄悄地跟李玉讲了事情的来龙去脉。

李玉在保安处登了记，不一会儿就来到了操场。儿子背对着她，正玩得高兴，好像耍花枪一样，全然不知道母亲心里何等难受。

李玉悄悄地离开，直接去了老师的办公室。办公室里还有几位学生在问其他老师问题。班主任老师不在。等了一会儿，班主任老师来了。班主任老师看到她，皱了皱眉说："你家这个张昊啊，我可真是拿他没有办法了。你说，该怎么办呢？"

李玉硬着头皮，说："嗨，我也真是够够的了。真是没办法。

这孩子太顽皮了，从小就这样。我就他这一个孩子，整天都累死了，更别说生气、发火那些事情了。您这一个班管理着好几十个学生，真是太不容易了。"

班主任听到这里，叹了口气："谁说不是呢。现在的孩子不好管，很早就有自己的思想了。有时候讲道理，都讲不过他们。学校又不允许老师体罚学生。一个学生捣乱，全班都跟着起哄。您也看到了，孩子现在还在操场上站着呢，我本来是想让他有个思过的机会。结果，他就这样兴高采烈地站在那儿玩了半个下午。真是让人头疼。"

李玉点头："是呀，他就是这个样子，真不知道怎么回事。可能是因为小时候我们陪得太少，那会儿我和他爸爸都工作特别忙。这不他上了学，我才申请了文职工作，好能多陪陪他。您罚他是对的，您是为他好。不过这孩子脸皮厚，不太知道不好意思，估计一般孩子扔操场上站着，早就老老实实了，我来的时候，看他还在那里聚精会神地玩儿，根本没有注意到我。他从小就比较调皮，爱玩，老是挨训挨罚，估计早就免疫了。但是，他特别喜欢别人夸他，肯定他，尤其是您。别看他总在班里捣乱，他总跟我说班主任老师要是夸他一句，他能乖好几天。上周他还跟我说，因为运动会的事您在班里表扬他了，他连着好几天每天回来都开开心心的，作业做得都比平常快不少。"

班主任笑了："可不是，这几天他明显进步不少，别的科任老师也都纷纷反映他课堂表现踏实了不少。您这一提醒，我还真是想起来了，他是这样。做思想政治教育工作根本听不进去，罚站也不行，但是每次有老师夸他，他都能安生好几天。哦，对了，我先找个同学把他叫回来。再怎么开心，站半个下午估计也该累了。先让他回教室把作业记一下。"

李玉说："真不好意思，老师，那就有劳您多费心了。我现在文职岗位，有更多的时间陪他、督促他，您这边有任何任务都可以随时告诉我，咱们一起配合，他肯定会表现越来越好的。"

【生涯视角】

很多父母都很发憷跟老师打交道。尤其是孩子调皮点儿的，成绩差点儿的，经常被老师请去喝茶的家长，恨不得听到电话铃声响，都能哆嗦半天。

事实上，老师和家长一样，都是孩子成长道路上的重要陪伴者。家庭教育是孩子成长的摇篮，父母对孩子了解越多，就可以给老师的指导和教育提供更多的参考意见和更实际的方向。毕竟，一个老师管理几十个孩子在今天中国的学校里仍然是一个普遍的现象。有时候我们一个孩子都还了解不过来，而要求老师对每个孩子都了解得入木三分，也是不现实的。

故事中的李玉这一点就做得很好。虽然在具体操作层面上，她还有很多可以提升的空间，但是她能首先肯定老师的工作，对老师的付出和操劳表示理解，这是拉近关系的第一步，想想看，如果家长上来就质问老师"凭什么罚站我们家孩子，大太阳底下站半个下午，脱水了怎么办，中暑了怎么办？"那原本和谐的关系就马上被破坏了。所以，沟通的前提就是建立关系。老师也是人，而不是神，是人就都有疏忽的时候，就都有带情绪的时候。家长在家看孩子太不听话，急了还会说难听话，急了还会动手打两下，老师管理着几十个孩子，有点情绪、有点冲动也是再正常不过的事情了。

建立了关系，再跟老师沟通孩子的特点和造成这种特点的可能原因。如果老师把孩子的顽劣行为看成是故意而为之，看成是挑战老师的权威，那老师肯定会非常生气，家长也同样是这样，很多时候我们跟孩子发脾气，并不是真的因为孩子做错了什么，而往往是因为孩子不听我们的，这让我们感受到愤怒，愤怒的背后是什么？是对局面失去掌控的恐惧感，是对自己无能的愤怒感。情绪的产生原因并不是因为事件本身，而是我们如何解读这个事件。比如，当老师把张昊的行为看成故意捣乱，不尊重老师，故意扰乱课堂纪律，老师就会感觉到非常生气，但是听了妈妈对他小时候成长历程的简单回顾和说明之后，老师就明白了，这是一个缺少情感关注的孩子，当他觉得需要关注的时候，他不太会用恰当的方式表达，还停留在一个幼儿园小朋友的表达水平，通过各种小动作的方式来吸引老师的注意力，并不是故意捣乱，而只是在呼唤老师能看到他、肯定他，理解了这一层，老师自然而然就消气了，也随之明白该怎么对待他了。

李玉先站在老师的角度理解了老师为什么会这样做，又站在儿子的角度理解了儿子为什么会这样做，并把自己观察总结到的原因分享给了老师，老师就能够理解张昊看似大有问题的动作的背后。到了这里，问题自然而然解决了。

接下来，李玉又把自己的观察结果分享给老师，说孩子喜欢老师，每次老师表扬，孩子都会开心并且马上有进步。这既是在肯定老师的工作，也是感激老师对孩子的关注，同时也悄无声息地表达了对老师的希望。老师自然是会心一笑。

老师除了班级管理，还有教学任务，批改作业，跟学生、家长、同事、领导等多方面沟通……确实非常繁忙。在这种情况下，老师邀请家长到校沟通，本身就是表达了对孩子的关注，无论老师想沟通的内容是什么，这一点都是值得家长感恩和肯定的。

沟通的内容是家长要把握的要点。家长既要了解孩子的优点、缺点、性格、成长历程的影响、各科的学业表现等，也要清楚老师并不是万能的，我们不能认为把孩子交到了学校，就可以放手大吉了。老师可以教导孩子学习知识和方法，可以给孩子关注和爱护，但是并不能完全替代家长，老师会把孩子在校的表现反馈给家长，也会从他的角度、工作经验、专业经验等角度提出问题的解决方案。但有时候这些并不一定足够，因为孩子前面的成长经历也是至关重要的，0～6岁的经历往往深刻影响着孩子的人格和性格，7～12岁的经历影响着他们生活习惯和学习习惯及同伴交往的品质。进入青春期后，孩子和家长的关系、家庭氛围对孩子的影响也是十分巨大的，这些如果家长不有心观察、记录并反馈给老师，老师是无法对孩子有一个综合、全面的认识的。

问题并不可怕。有句名言说："问题本身不是问题，如何看待问题才是问题。"老师会对家长提出孩子身上存在的一些问题，如果家长完全沉浸在问题的泥潭中，那就会非常焦虑、愤怒、懊恼、内疚等，如果我们能够暂时脱离，一起去为问题的解决方案进行探讨、出谋划策，往往就会有意想不到的收获和发现。李玉在这一点上做得非常好，她为老师提供了一个切实可行并且行之有效的问题解决方案，这正是老师此刻需要的。很多家长会说，老师体罚不对，那么请问，如果老师当时有更好的方法，她还会选择体罚吗？肯定不会。就像如果你知道不打不骂小孩，就能教育好他，你还会打骂他吗？所以，当我们看到老师需要一个问题解决方法的时候，我们既可以跟他一起探讨各种的方案，也可以把我们观察到的有效方案提供给他。

有些家长到了老师面前就不停地诉苦水，最后说"老师我们是没办法了，全靠您和学校了，拜托您了。"那这时候老师又是何种心情呢？恐怕无力加无奈的心情。

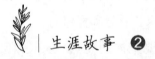

生涯故事 ❷

伟茹是个浪漫的女生，很喜欢幻想，特别喜欢写作。她在学校活泼可爱，有很多好朋友，大部分老师也都很喜欢她。但在妈妈眼中，伟茹却是一个胆小、内向并且不擅长和人交往的孩子。

伟茹的大部分科目成绩都非常好，但是语文课上，她似乎完全变了一个人。非常尖酸刻薄，总是揪住老师的口误不放，老师课下找她谈话也无济于事，甚至有几次已经冲突到很严重的地步。她对妈妈说非常讨厌这个老师的教学方法，感觉很没有意思，特别枯燥，为什么老师不能用更有趣、更灵活的方式讲课呢？那样同学们都会喜欢上语文课的。她希望老师的教学方法能够改进，而不是继续照本宣科。

父母只是教育她，每个老师有自己不同的风格。作为学生，只要负责安心学习、完成作业和考试就可以了，别的就不用操心了。

眼看父母这里也不支持她，伟茹更郁闷了，她在班里继续跟语文老师作对。语文老师气坏了，有几次都没有判她的作业。

青春期的孩子普遍都喜欢自己表现出独特的个性，这是因为他们的自我意识再度萌芽并逐渐发展，渴望发出自己的声音，渴望自己的见解、观点和思想被成年人重视，这对他们的成长是非常有好处的，尽管有时候表现的方式不够成熟，甚至有点儿幼稚，可能会给自己和他人带来麻烦，甚至是伤害，但这都是成长经历中必不可少的组成部分。在孩子遇到这样的麻烦时，家长一定要关注孩子的内心需求和行为背后的动力，而不能一味只是说教，更有必要跟老师及时、高效地沟通，这样老师才有可能理解孩子异常行为背后的善意，才不会因此给孩子贴上不良标签，继而影响师生关系。

在与伟茹沟通后，我发现，她非常喜欢语文科目，自从家里的亲戚从国外给她带回一些国外的教育方法、教材和引导的书后，她看得特别用心，也非常激动，她觉得真正的教育就应该是那样的，所以她特别希望老师也能够用那么生动有趣的方式来给同学们上课。但是她又不知道怎么跟老师开口说，只好通过课上接老师话茬、纠正老师口误的笨拙方式来提醒老师这样的方式已经跟不上他们的需求了，但是老师只感受到她在挑衅自己，不尊重自己，这样一来，师生的隔阂就越来越深了。

当她在学校因老师批评、冷落而受打击，产生了焦躁、愤恨、不满的情绪，她本来希望通过跟父母倾诉能够得到理解和支持，没想到父母也是用老掉牙的套路来教育她。她感觉到无趣极了，"这个世界上，没有谁在乎我，也没有人了解我……"

如果家长跟孩子一起指责老师的教学方法，那也是不明智的做法，因为这只会让负面的情绪泛滥，而且做了很糟糕的榜样。

作为家长，我们需要示范正确的沟通方式，教导正确的解决问题、达成目标的方式。这是比单纯给孩子讲道理、做思想工作更为有效的工作。

家长不妨主动联系语文老师，先肯定老师对孩子的包容心，也告知孩子热爱语文科目，孩子校外阅读的书目为孩子在老师心中的好印象增加了分数，也让老师更好地了解孩子，请老师帮助孩子发展正确的沟通和表达方式，家长也保证一起配合。这样的沟通会让老师感觉到家长的诚意，也了解到孩子行为背后隐藏的原因和真正需求。第二天，语文老师当众表扬伟茹主动阅读大量课外书，再邀请她就《我最向往的语文课》做主题演讲，这样一来伟茹还会继续跟老师"作对"吗？

生涯工具箱

家长与老师高效沟通六步法（见表 6-4）。

表 6-4　家长与老师高效沟通六步法

步骤	高效沟通	避免以下错误做法
1	一开始就描述正确的事情 举例：伟茹很喜欢上语文课。她还特别喜欢帮您收发作业	抱怨孩子的缺点，唠叨孩子还有什么事情没有做，什么事情没做好……
2	接下来分享孩子须做的事情 举例：伟茹学习正确提出建议的方法，正向表达需求，她希望您的课可以更活泼些	隐瞒孩子的真实想法，拦截重要信息……

续表

步骤	高效沟通	避免以下错误做法
3	交流细节 举例：她最近积极性似乎有待提升，自从上次我教训了她一番，就比较少看课外书了，有时候会看电视发呆	不要贴标签，要客观描述与沟通主题相关的事件细节
4	讲述孩子已经做到的正向行为 举例：伟茹最近在家可以分享您课上一些有趣的事情了，常常跟我们炫耀她新的作文	流露出对孩子的不满和失望情绪，甚至对老师抱怨
5	共同协商辅导方案，明确己任 举例：我也多关注她的情绪，尽可能多陪她看书、讨论问题	悲观消极，放弃积极努力，把问题全部交给老师，自己不负任何责任
6	执行计划并积极、主动反馈 举例：老师，这周伟茹在家表现很好，学习效率很高。您给她单独布置的读书笔记，她很用心地做完了，还跟我和爸爸分享了两次，我们都很惊叹她的思考力和表达力，谢谢您帮助她	放弃行动，被动等待，不跟老师保持沟通

这个沟通法适用于一对一跟老师沟通。

第三节　**遇到找茬的坏小子怎么办？**

生涯故事

故事发生在一个夏天的清晨，地点是三年级五班，当时正是早自习晨读时间。

　　同学们最喜欢的班主任陈老师正在小组间巡视。陈老师大学已毕业三年，第一次带冲刺班。她温婉如江南小城的女子，非常和善，特别有耐心，同学们都很喜欢她。

　　早自习自愿参加，有些家里特别远的同学可以申请晚到或者不参加，这是学校最新改革给班主任的特权。陈老师也跟同学们逐一沟通，了解每个学生的情况，然后协商他们是否参加早自习。这样的自主选择自主学习时间已经持续了两个多月，效果非常理想。有些喜欢开夜车的同学，早上一般会晚到，充足的睡眠反而会让他们白天的学习效率更高。各科任老师也都反映学生们普遍课堂纪律、学习效能大幅度提高。

　　陈老师正在给一位主动举手的同学进行个别辅导。突然，门"哐当"一声被踹开了。陈老师和同学们都吓了一跳，好几个女同学还不停地轻拍胸口，嘴中念念有词"吓死我了，这是谁呀""我的小心脏啊"……

　　原来是个子最高的王亦然同学。他平常可不是这样的啊，平常他都是和和气气的，如果有同学走在后面，他还会主动开门，等大家都走过去才关上，因为个子高力气大，他还承担了班里很多的体力劳动，还经常在他力所能及的范围内帮助同学做很多事情。今天这是怎么了？

　　陈老师也是丈二和尚摸不着头脑。她冲王亦然点头微笑，温柔地提醒，"别着急，慢慢走，咱们沟通过的，你早自习晚点儿来没有关系。"

　　结果，王亦然不仅没理陈老师，还翻了个大白眼，大大咧咧地走回座位，把同桌越界来的书本粗鲁地划拉到地上，又把椅子使劲一拽，发出刺耳难听的声音，还把书包重重往地上一摔……这下子，全班同学的目光都被他吸引过去了。整个教室里笼罩在一种诡异的氛围里。

陈老师显然也不高兴了，她还是深呼吸了三下，以稳定住自己的情绪。接着观察王亦然这边的情况。

整个早自习期间，王亦然虽然也弄出了一些不大不小的响动，比如把书翻得哗啦哗啦的，声音已经明显超出了正常的范围，或者把笔转得飞快，好几次掉到地上。好几个同学都皱着眉头。不过，整体也还是相安无事。

第一节课是数学课，数学老师是整个班配伍老师中年纪最大的，大家都很尊敬他。结果，第一节课王亦然就捅出了娄子。数学老师点名让他回答问题，他不仅不起立回答，还翻着大白眼。老师走到他面前，跟他耐心地沟通，他仍然是一字不语。不仅如此，整节课他都在那儿转笔，一个字也没有写过。

刚把怒气冲冲的数学老师送走，学习委员又来了，说各科课代表都说王亦然一科作业也没有完成，对同学们也都很粗鲁。

陈老师真是气坏了。这臭小子怎么回事呀？他一直表现得挺好的呀。今天还真是挺反常的。在早读上表现不佳也就算了，这下可是好，还起了连锁反应了。本想淡然处之，他可能遇到什么麻烦有点儿小情绪，冷处理一下，让他自己慢慢放松下来就好了，现在看来事情可不是这么简单。

陈老师想把王亦然请到办公室，狠狠地批评他一顿，把他今天早上的表现好好说一说，再做一下思想政治教育让他心服口服，解解自己和数学老师的气，这么不尊重老师可不能纵容，万一其他同学也跟着效仿怎么办。可是想起生涯规划课上刘老师教的理论和方法，她决定先把这些都放放，试试新方法，没准能有奇效。

本想让班长去喊他，可想想他今天的反常表现，陈老师决定亲自去班里请他。既然他一言不发，只靠动作生事，那不如以其人之道还治其人之身。陈老师想到这里，起身去了班里。同学们看到陈老师来了，都很开心，此时正是课间休息，还有好几个同学想拉着陈老师聊天，陈老师笑而摆摆手指指班里的时钟，示意他们下午再说。陈老师走近王亦然的座位，发现这家伙居然还瞪着眼睛在这里发呆，看那架势也不知道谁惹着他了。陈老师伸出手指轻叩桌面，王亦然抬头，两人对视，陈老师的目光里透露着耐心，王亦然眼露凶光，难怪数学老师会那么生气。陈老师做了一个请跟我来的手势，王亦然迟疑了一下，终于还是起身跟老师一同出了教室。

陈老师想起刘老师在生涯规划课上一直在强调关系的重要作用。关系就是一切，有了好的信任关系，才有沟通的机会，从上午王亦然的表现来看，他似乎有很多不满和敌意的情绪，所以表现出拒绝跟他人建立关系。如何能够突破这一点呢？有了关系，才有开口沟通的机会。

想着想着，已经来到了办公室。刚好其他老师都已经上课或开会去了。办公室里静悄悄的。陈老师为王亦然拉了一把椅子，示意他坐这里。然后自己坐在他旁边的椅子上，而没有像往常一样，坐在对面。因为90度是更为平等的一种角度，如果面对面，很容易有居高临下的、审判意味的感觉。毕竟一个是老师，一个是学生，完全平等是不可能的，但是从座位的角度进行一下调整，心理上的感觉会舒服、轻松很多。

陈老师给王亦然倒了一杯水，放在他面前的桌子上。王亦然还是不吭声，但眼神里那种凶巴巴的感觉明显少了很多，多了几丝诧异。陈老师温柔地注视了他一会儿，因为眼神的沟通有时候会更直接更有力量，会让被注视的人感受到你的善意，眼睛是心灵的窗户嘛。终于缓缓开口，"亦然，我不知道发生了什么事情，让你今天看起来怪怪的。"亦然马上像只被激惹的小猫一样，弓起了脊背，眼神也不像刚才那样放松了。"在老师的印象里，你一直都是很和善的，同学们也都说你平时很照顾他们，连数学老师都说你今天的表现不同往常，肯定是遇到什么麻烦了。虽然他很生气，我们也感觉到奇怪，我仍然相信，你还是那个我们都喜欢的王亦然。这里现在没有其他人，你愿意的话，不妨说说，到底发生了什么，把人人都喜欢的亦然变成了有点怪怪的沉默的亦然。不想说也没有关系，我就这样静静地坐在你身边，陪着你。我不开心的时候，身边有个人陪着，感觉会好很多。我想，也许你也会需要这个。"

说出这番话的时候，陈老师心里已经非常平静了，之前那些"这是失心疯了吧，一点儿也不懂事，还懂不懂好歹了""要是不行，就打电话请家长过来吧。我就不信他还油盐不进了"腹诽已经不翼而飞了。看来，共情的力量真是很强大。难怪很多人做过咨询后都愿意开始学习心理学和生涯规划，这种被理解、被接纳的感觉的确很好。想想也是，中学生这个阶段压力也真是不小，学业的、友情的、老师的、家长的，还有很多的困惑……闹点儿小脾气的情况，谁成长的经历中没有过呢。就连现在的我，有时候遇到些麻烦，也是工作中不想说话不想理睬别人，将心比心，孩子们这样，也不见得就是成心的或故意的。如果有个人，在自己乱发脾气的时候，还愿意用一颗包容的心来支持和陪伴，那真的是很幸福的事情。陈老师想，我愿意做一个这样的人，可以支持到学生们，为他们的成长多提供一点儿温情的养分。

王亦然仍然没有开口的意思。陈老师就静静地坐在旁边陪伴着。

办公室里的时钟滴答滴答地走着，时间一分一秒地过去了。

王亦然突然开口说："老师，我知道我今天做得不对。可是我控制不住。"陈老师看着他，说："嗯，你控制不住。说说，是什么让你控制不住？控制不住什么？"王亦然说："控制不住生气。我特生气。昨天因为学习的事情，我跟爸爸吵架了，我妈来劝架，结果我爸连我俩一起骂。我都要气炸了。他凭什么这样对我和我妈？我跟他顶了几句，结果他就骂我学白上了，白花了他那么多钱。我不想再花他的钱了，不就是上班挣钱么，有什么了不起的。我也可以挣。我不上学了，随便找个地方打工，也能养活我自己。我妈说我傻。让我别顶嘴。我生气啊。现在说起来还生气呢。"陈老师说："嗯，是。我在想我是不是该把椅子往旁边挪挪，你这怒气冲冲地，怒发冲冠啊，要是你一发怒把我给吹跑了怎么办，我这么瘦。"王亦然挠挠头，不好意思地笑了："老师，对不起，我知道我不该踹门，不该对老师那么没礼貌，我真是气坏了。就像您说的，怒发冲冠，以前读这首词，我不理解，有多大气能把人气成这样，我觉得我这次生气，别说怒发冲冠了，我整个人都快气爆炸了。要不也不能到学校还乱扔乱踹的。我就是不想说话，又生气又烦，最好全世界都别理我才好。"

陈老师点头："你生气，你心烦，不想别人理你，不想人打扰。"

"是啊。我不是说不想念书了吗，这样就不用花家里钱了。我有知识，虽然不高；我有力气，虽然不是很大。我靠双手还不能养活自己吗？我早上就没想来，结果我爸又火了，干脆打了我两巴掌。要不是我妈哭了，我今天真的不会出现在教室里。"

现在一切都水落石出了，敢情大家都是他爸爸的替罪羊啊。陈老师摇摇头。幸好自己没有上来就批评他，幸好自己没有像他爸爸那样粗暴地对待他。青春期的学生本来就很敏感，自尊心非常强。和他们沟通，的确是需要一些方法的。

陈老师说："你说，你早上本来不想来上学了。"

王亦然说："是啊。我就是这么想的。我可受不了这么大了还被他骂被他打。他脾气不好我也知道，我平常都很少惹他，因为知道他发火什么样。但是昨天确实我没错，我妈也说我没错，是我爸理解错了。但是他还那么嚣张，太不可理喻了。"

陈老师说："嗯，你不喜欢嚣张，不喜欢乱发脾气，这让你觉得不可理喻。"

王亦然点头："是的，这让人感觉到很不舒服。我不喜欢那种粗鲁的方式……"他停顿了一下，突然不好意思了起来，"哎呀，糟了，那我上午……也很粗鲁。"

陈老师笑了，说："你觉得你粗鲁吗？"

王亦然急了，说："老师，你怎么还笑，你快告诉我该怎么办，我那么讨厌他粗鲁，所以我一直努力让自己主动帮助别人，怎么还是变得跟他一样了呢？"

陈老师说："你说你也不愿意粗鲁，可是你也的确会因为心情不好，而做出一些跟平常的自己不一样的事情来。"

王亦然连忙点头，说："是的，是这样的。我真的不愿意。可是我也……唉，我这样跟他有什么区别呢？"

陈老师说："你不愿意，你爸爸肯定也不愿意。谁不希望自己彬彬有礼，谁不希望自己受人欢迎和被人称赞呢？可是我们是人啊，都会有控制不住的时候，也有不开心遇到麻烦的时候。别说你爸爸了，早上我看你这样，心里也是很生气的。我也差一点儿就粗鲁了。本来是想把你叫过来狠狠训一顿的。"

王亦然嘿嘿地笑了："陈老师，你不会训我的，班上同学都特别喜欢你，好像无论我们多淘气多烦人，你都没有对我们发过火。"

陈老师说："每个人都有他的性格和脾气，可能温和，也可能暴躁，可能活泼，也可能沉稳。我们越不喜欢什么，那就越要关注自己的这个部分，脾气谁都会发，但是脾气怎么能更好地管理，就需要学习了。我也是学习了之后，才慢慢能够管理自己的脾气了。"

王亦然点点头："是，我总是嫌弃爸爸脾气不好，却没有想过自己可以为管理脾气做点儿什么。我妈说我爸他很不容易，以前挺苦的，我并不理解。现在想想看，也许我真的错了。我也该管管自己的脾气了。"

陈老师笑盈盈地说："那就这么定了，这周班会你来主持吧，就讲讲怎么管理脾气。"

【生涯视角】

青春期的孩子因为人格发育还不成熟，心智也不成熟，在面临他人粗暴对待的时候，往往也会以同样粗暴的方式回应。当我们因为学习而批评他们引发冲突时，他们往往会选择以"不学习"的方式来攻击家长和老师。所以，很多孩子表现出来不爱学习，不好好学习，往往并不是因为他们真的讨厌学习，而是在这个动作和行为背后还有更深层次的心理问题。

"知己知彼，百战不殆。"作为王亦然的班主任，陈老师是了解自己的脾气的，也了解这个学生的秉性，所以虽然在受到这个孩子屡次的"挑战"后她感到很生气，但是很快可以通过深呼吸、自我疏导等方式，快速平缓情绪，并且根据生涯规划课堂中所学的方式来重新跟学生建立良好的关系。

许多大人在跟孩子沟通的时候，都很喜欢讲道理。讲道理的效果往往很差。讲道理的效果为什么不尽如人意呢？这就得从人类的大脑结构开始谈起。今天人类的大脑是数百万年进化发展而成的，既有高级智能，也有原始本能。

大脑结构最内一层原始脑，包括脑干、基底核与网状系统等核心脑区。在较低生命形态，如蜥蜴、鳄鱼中同样有发现，它常被称为爬虫脑，负责维持基本生存功能，控制生命功能和身体生长过程、器官新陈代谢、维持生命生存的总体水平，满足最基本的需求，如生存、身体维护、积蓄、统治、打扮和交配等，包括原始心理保护机制：爱、恨、恐惧、性欲和支配情感。该部位不具有思考或学习能力。巴甫洛夫的动物条件反射就在此部分发生作用。例如，处于愤怒时是不受控制的，本能受制于爬虫脑，不经过理智过程。

当进化到高级动物，还要顾及和同伴的关系，所以又进化出情感脑，以适应合作和群居生活，最终发展出高级的爱。情感脑处在大脑结构的中间部分，包围着原始脑，因为在老鼠、兔子等与人类相近的物种都有，所以又名哺乳动物脑，或内脏脑。情感脑是情绪和自主神经系统的掌控中枢，主要掌管情绪（高兴、愤怒、喜悦、痛苦、情绪等）、感性记忆（以情感主导的记忆）与注意力，控制人们的正向（回馈）和负向（惩罚）行为。例如，通过记忆经验比较，做出利害取舍判断，决定什么事情能吸引你的注意力，对事物的感受是正面还是负面。相对低级的情感脑也在时刻进行着信息处理，而其处理速度是理性脑的50倍。

最外层是理性脑，掌管人类抽象的思维活动，通过复杂的分析行为，进行想象和思考。比如讲话、阅读、数学运算、推论或是发明创造等。

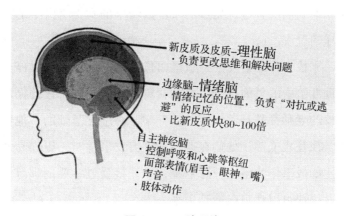

图6-1 三脑理论

为什么讲道理往往效果更不理想呢？那是因为讲道理的时候，我们往往会说，"你不可以……，是因为……"这样的逻辑和行为就是在不停地刺激孩子大脑理性脑中的"我不会，我不能，我不行"这些区域，接下来，情绪脑就会产生"沮丧、挫败、自我否定"等负面情绪，原始脑就会产生"逃避、破坏攻击"等行为倾向。

王亦然爸爸跟他探讨学习，这本来是出于爱和关心，但是因为没有讲究良好的表达方式，也没有注意跟青春期孩子的沟通技巧，反而弄巧成拙，对于孩子的理性脑进行了不良的负向刺激，于是孩子自然就有了情绪，继而发展出逃避行为——不想上学了。

孩子一提"不想上学"，家长更崩溃了，这相当于火上浇油，于是家长继续数落和批评，关系更加糟糕和恶化。妈妈的眼泪是一种情绪的表达，于是孩子也有了情绪的回应，感觉到虽然无奈，但还是愿意回应妈妈的爱，于是来到学校。如果学校的老师也像爸爸一样刺激孩子的理性脑"你怎么不学习呢？你怎么不讲礼貌呢？你怎么不遵守学生守则呢？……"这样的批评就会让孩子产生更多的负面情绪："反正我就是这么差了，反正我是不值得被爱的，原来我这么坏……"，那他的原始脑会继续发出信号，让他产生更多"逃避、破坏、攻击"等行为，比如继续摔门、调皮捣蛋、不来上课，甚至最后直接发展到辍学……

回顾一下我们所听过、见过的大多数辍学的案例、厌学的案例，基本都有这样的过程。

所以，家校合作是必要的，这里面只要有一个环节可以停止持续刺激孩子的理性脑中的负面部分，那么就可以打破这种恶性的循环。通常而言，学校的老师都是具备一定的教育学、心理学基础的，他们多年的一线经验，往往也能够让他们在遇到这种突发事件时，更容易从容和冷静行事。比如故事中的班主任陈老师，毕竟接受过专业的训练，是有觉察能力的，很快可以让自己冷静下来。

在跟王亦然沟通的过程中，她选择了给情绪脑有益的刺激，通过大量的动作、语言等安抚方法，让孩子感受到面前的老师是爱他的、关心他的、尊重他的、接纳他的。所以，他的情绪慢慢地疏导的通道。在家里，他的情绪是不允许被表达的，因为爸爸会更加发怒，妈妈会伤心流泪，他无处安放的愤怒只好到学校里释放。在老师这里，老师给了他一个相对自由的空间，无论是发呆，还是默然，或者眼睛里喷发熊熊怒火，都是可以被接纳的，在这样的一个温暖的环境中，情绪的能量自然流动，他的怒火慢慢就熄灭了。这个过程就像大禹治水一样，可以疏导，但是不能堵塞。

所以，无论是家长，还是老师，都要记得这一点——你发出什么样的信息，就决定孩子给你什么样的反馈。

共情很简单，共情就是看到并接纳孩子的情绪。比如，陈老师只用了最简单的共情技巧，那就是重复对方所说的话，比如，王亦然说自己很生气如何如何，陈老师就点头，"你生气，你心烦，不想别人理你，不想人打扰。"陈老师只是重复孩子的情绪，而不评判和分析，这就给了孩子被看到的机会，被看到是一件很幸福的事情。为什么幸福，因为很多父母、成人常常看不到孩子的存在意义，一个孩子在很开心地玩儿，他的存在意义就是这份"开心"，但是大人看不到，大人就批评，"都几点了，你还在玩儿，你就不能去看会儿书，做几道题？"大人看不到孩子的这份"开心"和"快乐"，大人只是理性地分析、无情地说教，怎么能让大人看到自己呢，有些孩子选择了很笨的办法，比如淘气捣乱，这样大人就能看到他们了，但是往往是一顿更为激烈的指责和批评，甚至大喊大叫，有些孩子则继续玩，不停地玩，玩游戏、玩玩具、玩他们能想到的各种东西……因为他们需要的情感需求没有被看到和满足。但这时候，如果我们说，"哦，我看到你在玩儿，你很开心"，他们是会非常开心的，往往玩一会儿自己就停止了。或者真的已经不能再玩了，我们也可以说"我看到你现在玩得很开心，但是，我们须去做……了"，而不是直接就对他们说"不许玩了，你现在就去看书，写作业……"

在上面这个案例中，我们看到陈老师只是简单地重复孩子说过的话，看到孩子的情绪，没有任何说教，孩子居然自己就明白了。平常，我们可能费尽唇舌，孩子也是外甥打灯笼——照舅（旧）。想想看，是我们说教出来更有效果，还是孩子自己领悟更有效果呢？显然是后者。

如果王亦然说自己很生气，陈老师回应："你傻不傻啊，跟自己爸爸有什么可生气的。"或者"爸爸这么做是为你好，你不仅不感激，反而还生气，还威胁不上学，你真是不知好歹。"……那他可能会有什么感觉，一定会很不舒服，而不想再继续说下去，沟通陷入僵局或者只是老师单方面的说教，甚至他会直接反驳，两个人像头天晚上王亦然家里的状态一样发生激烈的争吵……那就完全失去了沟通的意义，不但没有可能帮助到他，还会让师生关系变得紧张起来。

在现实中，许多老师正是因为不了解三脑理论，而错失了很多真正"教育"学生的好时机。也有许多老师非常勤恳，非常负责，总是找学生谈心，试图帮助学生减轻负担，排忧解难，但常常收效甚微，甚至无功而返。这是非常遗憾的。当我们掌握了共情的方法，在实践中经常灵活运用，你就会发现，师生关系会变得越来越融洽，跟青春期学生的沟通会变得很容易，而且教育会变得事半功倍。

生涯工具箱

下面是三个关于提升共情能力的小练习题。

练习1：

学生：老师，我这次考试考得好差呀！我肯定考不上理想的大学了……呜呜呜。

老师A：一次考不好并不代表什么，你还年轻，咱们这才只是一个单元测试，还有很多机会呢。别哭了，去看书吧。

老师B：都多大了还哭鼻子呀！来来来，我们看看哪个地方错得多，一起分析分析。

老师C：嗯，我听到你说因为这次成绩不理想，你担心未来考不上理想的大学。

假设你就是这个学生：

听到老师 A 的回答，你可能感觉＿＿＿＿＿＿＿＿＿＿＿＿

＿＿＿＿＿＿＿＿＿＿＿＿＿＿＿＿（形容词，心情、感受、情绪），

接下来你可能＿＿＿＿＿＿＿＿＿＿＿＿＿＿＿＿（行为）。

听到老师 B 的回答，你可能感觉＿＿＿＿＿＿＿＿＿＿＿＿

＿＿＿＿＿＿＿＿＿＿＿＿＿＿＿＿（形容词，心情、感受、情绪），

接下来你可能＿＿＿＿＿＿＿＿＿＿＿＿＿＿＿＿（行为）。

听到老师 C 的回答，你可能感觉＿＿＿＿＿＿＿＿＿＿＿＿

＿＿＿＿＿＿＿＿＿＿＿＿＿＿＿＿（形容词，心情、感受、情绪），

接下来你可能＿＿＿＿＿＿＿＿＿＿＿＿＿＿＿＿（行为）。

作为老师，你认为如何回应会更好？请试着用共情的方式跟学生沟通。

练习2：

学生：老师，我跟同桌闹别扭了。她说我特别坏，有心机。她还跟好多女生这样说。我真不知道该怎么跟她相处了。

老师 A：同学间有点儿矛盾是正常的，你别往心里去，过两天你们就会和好的。

老师 B：她怎么能这样啊，你告诉那些同学，这都不是真的。回头我跟她谈一下，同学之间要团结友爱。

老师 C：你呀，别总因为这些事情分心，好好管好你自己，把成绩提上去才是正经。

假设你就是这个学生：

听到老师 A 的回答，你可能感觉＿＿＿＿＿＿＿＿＿＿＿＿

＿＿＿＿＿＿＿＿＿＿＿＿＿＿＿＿（形容词，心情、感受、情绪），

接下来你可能＿＿＿＿＿＿＿＿＿＿＿＿＿＿＿＿（行为）。

听到老师 B 的回答，你可能感觉＿＿＿＿＿＿＿＿＿＿＿＿

＿＿＿＿＿＿＿＿＿＿＿＿＿＿＿＿（形容词，心情、感受、情绪），

接下来你可能＿＿＿＿＿＿＿＿＿＿＿＿＿＿＿＿（行为）。

听到老师 C 的回答，你可能感觉＿＿＿＿＿＿＿＿＿＿＿＿＿

＿＿＿＿＿＿＿＿＿＿＿＿＿＿＿＿＿（形容词，心情、感受、情绪），

接下来你可能＿＿＿＿＿＿＿＿＿＿＿＿＿＿＿＿＿＿（行为）。

作为老师，你认为如何回应会更好？请试着用共情的方式跟学生沟通。

练习 3：

学生：老师，我最近听课状态不好，我不想来上学了。

老师 A：别开玩笑了，哪有因为听课状态不好就不想上学的，赶紧回去好好学习。

老师 B：是不是晚上又追热播剧了？你说说你，成绩上不去，怎么就净想着玩儿呢。你妈妈都急坏了，你怎么不能让她省点儿心呢。

老师 C：上次你就这么说，还让你妈给你请了三天假，怎么刚好两天又这样了。

假设你就是这个学生：

听到老师 A 的回答，你可能感觉＿＿＿＿＿＿＿＿＿＿＿＿＿

＿＿＿＿＿＿＿＿＿＿＿＿＿＿＿＿（形容词，心情、感受、情绪），

接下来你可能＿＿＿＿＿＿＿＿＿＿＿＿＿＿＿＿＿＿（行为）。

听到老师 B 的回答，你可能感觉＿＿＿＿＿＿＿＿＿＿＿＿＿

＿＿＿＿＿＿＿＿＿＿＿＿＿＿＿＿（形容词，心情、感受、情绪），

接下来你可能＿＿＿＿＿＿＿＿＿＿＿＿＿＿＿＿＿＿（行为）。

听到老师 C 的回答，你可能感觉＿＿＿＿＿＿＿＿＿＿＿＿＿

＿＿＿＿＿＿＿＿＿＿＿＿＿＿＿＿（形容词，心情、感受、情绪），

接下来你可能＿＿＿＿＿＿＿＿＿＿＿＿＿＿＿＿＿＿（行为）。

作为老师，你认为如何回应会更好？请试着用共情的方式跟学生沟通。

| 第四节 | 当鸡头还是凤尾

学生在家长的陪伴下，来找我咨询："老师，下学期我们就要分班了，你说我是留在普通班，还是去实验班，或者去特长班呢？"

我会问："这个问题谁说了算？"

如果不管去哪个班都是由学校决定，那家长和孩子就别纠结了，而该想想，孩子应该以什么样的状态来适应学校的安排，家长又可以给孩子提供怎样的支持和帮助。既然没有决定权，那就老老实实适应结果。

如果在分班这个问题上，我们拥有一定的决策权，但还不是主导地位，那接下来我们需要探讨的重点就是，怎么样增加权重，比如可以抓紧时间提升成绩争取机会，提前跟老师沟通了解分班录取的标准，看看还有哪些资源可以支持到自己的目标。这个时候，与其纠结选项，不如充分利用时间搞清楚具体状况，好将局面扭转为最适合自己的情况。曾经有个学生，上了大学，发现所学专业自己完全不喜欢，了解到学校有转专业这一政策后，他就立刻跑到各个办公室打探具体情况，后来了解到，针对他们这一届学生，学校的政策有调整，无须经过考试，只要争取到转入、转出院系领导的支持，就可以申请。于是，他先跑到想要转入的专业，跟领导说自己所在的院系领导已经同意，又跑到自己原本被录取的专业，跟领导说自己拟转入的院系领导已经同意申请，就这样，轻而易举地拿到了两方面领导的签字，顺利转入理想的专业。纠结是最耗费能量的，一定要明白自身处境，搞清楚有利条件和不利条件分别是什么，方可为目标择取最佳方案。

如果处在主导地位，拥有超过75%的决定权，我会问孩子："如果跟父母商量，他们会希望你选择什么？"

学生挠挠头，说："父母应该希望我去实验班。"

"为什么呢？"

"毕竟实验班是学校最重视的。根据历年成绩看，实验班学生可以百分之百升入重点名牌大学，配套的老师也好。再说他们就我这一个孩子自然希望我能有更好的机会和发展。他们也说过，我一直很努力，值得有这么好的学习环境。"

"那对于父母的考虑你怎么看？"

"我不想去实验班，实验班高手如云，竞争压力太大了，我不喜欢那样的生活。"

"如果你问你的好朋友，他们的意见会是什么？"

学生笑了，说："他们愿意我去特长班，特长班虽然没有实验班那么好，但也是一条腿迈进大学了，压力小很多，只要不是特别懒惰，也是可以进好学校的。再说，我要是进了特长班，他们不就少了一个竞争对手吗？"

"那你怎么想？"

"询问往届学生情况，再托人打听、上网查，了解到特长班的学生到大学里还是有点儿受限制的，当然也有好处，那就是特长会继续发挥优势，比如参加比赛为学校争光。我没有争强好胜的性格，如果进了特长班，学习上肯定不如现在努力，那么高考分数就不会太好。而且，我还是想把兴趣爱好作为生活本身的一部分，如果完全为了升学或者当作专业，我不是很想这样。"

这是比较理想的状况，学生和家长有良好的沟通，而且也能够积极主动寻找各方支持，收集相关信息。"那假如有个学生，他也是有特长，成绩也不错，无论实验班、特长班、普通班，都是想去就能去，但是他很纠结，跑来寻求你的帮助，你会怎么建议他？"

"我会建议他问问自己的目标是什么，才好帮他出谋划策啊！"

"很好，那么现在你也把这些选择先放下，认真思考一下，你的目标是什么？"

"短期来说，我希望自己的高中生活既能够充实丰富，保障学习成绩，同时也拥有一定的自由和空间，能让我用喜欢的方式放松身心，结交两个知心朋友。高考的时候可以在全校排名前50，这样我能在高考上个很好的大学。长远来看，我想出国读硕士，开拓眼界，了解不同的文化和生活环境，让自己的阅历更丰富，毕业后回国创业，我还是更喜欢相对自由的工作和生活。"

有目标，再来选择就容易了。"现在来看看，哪个选择离目标更近？"

"应该是普通班。我现在的成绩是年级30名。去普通班，我可以稳坐班级第一名，可以让我一直保持一份自信心；如果去实验班，我在班级只能排到10名左右，我不喜欢当凤尾。普通班竞争压力一般，我可以在保持年级排名的同时，多给自己一些空间，阅读经典，运动健身。老师，我就是想去普通班，只是我父母有异议，我们意见不统一才来咨询的。现在我知道该怎么说服他们了。"

果然，在随后的沟通中，他条理清晰、有理有据地向父母表达了他的考虑和最终选择的结果，原本还有些不放心的父母，看着他自信、成熟的状态，也愿意支持他了。他最终成为那一届唯一一个被实验班录取却转到普通班的学生，但是高考考出了年级第10的好成绩，顺利地被心仪的吉林大学录取。

生涯工具箱 ❶

表6-5　亲子感情分类与应对方法一览表

分类	目的	常见问题	举例	应对方法
诉苦型	抱怨、宣泄情绪、寻求关注、吐槽、倾诉、炫耀	经常说要离家出走、不上学了、分手、离婚、辞职、换工作	典型代表：祥林嫂 妈，我明天要不要去上学啊？去的话老师又得批评我了，不去的话这学期翘课记录太多，不好……	做好日记本，充分共情 举例：嗯，你不喜欢老师批评你，也担心考勤记录。 注意：千万别出主意或者批评
找自信型	找信心、找支持反复说以求更清晰	买或穿哪件衣服 选择哪个男女朋友 选择哪个工作	爸，你看我买耐克的鞋子还是阿迪达斯的鞋子啊，耐克这款贵了点儿，阿迪达斯那个设计又有点儿土……	做好平面镜、指南针 嗯，你说得对。还真是这样 注意：不评价好坏，不给建议
完美型	求专业指导，做出选择，坚定行动	各种问题都有可能出现	老师，我该去哪个班？普通班、特长班，还是实验班？	地图、生涯咨询师 五问法： 1. 问时间 2. 问决定权 3. 问期待 4. 问观点 5. 问目标

　　请根据表6-5中的三种分类，整理过去孩子向你求助的一些问题，看看他的哪些问题属于哪个类型，你是否扮演了正确的角色并给出了正确的回应？

　　再找出一个你们曾经探讨过或者正在面临的一个问题，如如何选专业、如何报考大学等问题，尝试扮演生涯地图和生涯咨询师的角色，应用五问法帮助孩子提升生涯决策能力。在这一部分，我们并不仅仅是帮助他选择而已，最重要的是通过这样的方式，来提升他的生涯决策能力。能力的发展和提升，就是通过每一个生涯问题的澄清、分析、解决来不断锻造的。

生涯工具箱 ❷

决策五问法：

一问时间

1. 这个问题困扰你多久了？

_____

2. 最晚什么时候必须选择？

_____

二问权限

1. 这个问题谁说了算？

_____

2. 你的权限有多少？

_____

三问期待

1. 你的期待是什么？我能帮你什么？

_____

2. 如果今天你满意地离开，你觉得是什么问题解决了？

_____

3. 这个情况为何对你如此重要？

_____

4. 你是怎么看待这个情况和你的关系的？

_____

5. 之前了解了哪些信息？

_____

四问观点

1. 你的父母怎么看？他们会如何建议？你对此怎么想？

_____

2. 你的老师怎么看？他们会如何建议？你对此怎么想？

_____

3. 你的朋友怎么看？他们会如何建议？你对此怎么想？

_____

4. 你崇拜的人、比如偶像等怎么看？他们会如何建议？你对此怎么想？

_____

五问目标

1. 无论选哪个，你的目标是什么？

_____

2. 哪个选项更接近你的目标？

_____

第 七 章

Chapter Seven

生涯管理

给 孩 子 最 好 的 未 来

第一节 | **生活习惯的培养**

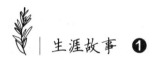

生涯故事 ❶

　　有一天，我接到一位妈妈的电话，电话里她语速很快，听得出来，她很着急。我安抚她，让她慢慢讲。"刘老师，我知道这种事急不来，可是您说我怎么能不急呢？眼瞅着就要期末考试了，孩子一点紧张劲儿都没有，别的孩子早都开始加足马力备战考试了，就我家孩子，天天也不知道在想什么。我这刚从学校出来，跟她几科老师分别沟通了一下，一沟通不要紧啊，简直就是给我火上浇油啊，她怎么现在问题重重呢？刘老师，请您一定得帮帮我，也帮帮孩子，再这样下去，这不一个好好的苗子就废了吗？"

　　我答应了她，她这才继续讲下去："老师们都说她上课发呆，就跟在家里一样，感觉不到任何学习动力，无论大考小考，就是没有紧迫感，整个人懒懒散散的，哪像个正当青春的孩子呢，还比不上人家老头老太太呢。笔记本上，一片空白，老师点名让她记听课笔记，她也不听，也不记。无论考试还是做作业，效率都非常低。我也找了不少书，看了不少方法，我和她爸爸当年成绩都很好，有些适合她的方法，说给她听，她就捂着耳朵不理我们。不仅学习上让人非常不省心，其他方面感觉也真是一无是处，问路不好意思，还得让我问，老师点名提问，都是脸红到脖子根儿，也不见出个声音，大事小情都得让我和爸爸给她拿主意，一点儿都不独立，你说学习不好就够愁人的了，其他方面也这么不争气，我可怎么办啊……"

我问她："孩子从什么时候开始这样的？"

她想了想，说："好像就是从初中开始的。以前不这样，挺活泼的。上了初中，功课紧张了，就开始这样了。"

我说："你是不是从那时起就要求她'只读圣贤书，不管其他'？"

她惊讶地说，"您怎么知道的？还真是这样。以前，我俩经常一起做家务，一起玩儿啊聊天啊什么的，那会儿她不是小吗，功课也不紧张。上了初中，我怕她分心，就不让她再做这些了。"

我说："我猜她不仅表现出没有活力，身体状况应该也不怎么样，可能会经常感冒发烧，胆子小……"

她更纳闷了："刘老师，您没有见过我家孩子，但是您说的这些都是她的表现。她们老师也说，看着哪像个少女，分明像个垂垂老矣的老太婆。我还担心营养不够，最近专门做了营养餐，给她补身体。"

我说："你剥夺了她的生命权，只是让她完成你的心愿，按照你的摆布去生活，她没有对生活的主动权，就像一个傀儡、一个木偶一样，自然就慢慢失去活力了。我猜，最开始，当她抢着帮你干家务的时候，你会用学习打发她，当她想要做一些自己喜欢的事情时，你也会横加阻拦……她一点儿自主权都没有，剩下的，也只有拿不学习、发呆来跟你抗衡了，用这样的方式，微弱地证明着自己存在。"

她愣住了，电话那边半晌没有声音。"刘老师，我从来没想过会是这样。这么多年，我一直觉得自己在尽最大努力满足她的愿望，听您这么一说，好像还真是这样，除了学习，别的想法基本她一提就都被我们俩给否定了。刚开始她还会要个小礼物啊，要个小奖励什么的。最近看她学习状态成这个样子了，我们俩百般哄劝诱惑，她什么反应都没有，真是像个木头人一样。"

我叹口气。有多少父母就是这样把孩子废掉了，却毫不知情，反而继续沉浸在自己无私奉献的自怜自艾中，责怪孩子不懂得感恩、不懂得尊重父母付出。事实上，孩子的生命力早就已经被扼杀掉了。

她叹了口气，继续说："以前她很能干的，做家务又快又好，比我还利索。后来我不让她干了，有几次她非要干，我就唠叨她，结果她不是碰掉了这个，就是弄倒了那个，看着那个笨手笨脚的样子，我更是气不打一处来，不好好学习就算了，还跑来给我捣乱，这是安的什么心，就会毫不留情地批评她一顿。打那以后，她再也不主动帮我干什么了。"

在生涯发展阶段中，青春期的孩子除了要发展健康的心智、完成学业任务，还须培养和锻炼生活自理能力、社会交往能力等，只让孩子关注学业是肯定不行的，每个阶段都有一定的任务，这些没有完成，就会因为不及格而被要求重修，为后面的生涯发展埋下隐患。

因为家长把学业以外的生涯任务都大包大揽了，孩子除了学习再没有其他可以发展能力、宣泄压力、转移注意力的事情，如果她又没有在学习中找到目标，收获满足感和幸福感，那生命的天平就会慢慢失衡，生命力就会枯萎。父母由于替孩子做了很多、付出了很多，可是最希望看到的（学习进步）没有看到，又会关注到孩子的其他未发展的部分（家务能力、表达能力、沟通能力等），越来越觉得孩子什么都不行，做什么都不像样，那就会更加焦虑、愤怒，如果不能自己处理好这部分情绪，就会传染给孩子，负面标签下的孩子会非常地沮丧，感觉到自己什么都做不好，父母怎么都不会满意，那索性就不做了。在大脑三结构那个理论中，我们曾经强调过，如果不停用"不行、不能、不会"等信息刺激孩子，她的情感脑就会产生"羞愧、愤怒、痛苦"等情绪，本能脑就会发出"逃避、攻击"的信号，于是她就开始逃避学习，用沉默来对抗，慢慢发展成今天这样的状态。

我把这些细细讲给这位"倒霉"的妈妈听，她沉默了很久，说："真想不到，我一直觉得是她不够努力，不懂感恩，却没想到，是我们的包办行为害了她。刘老师，我现在怎么办呢？还能挽救吗，还来得及吗？"

当然来得及，当我们拨开云雾（表面的症状、行为），看到问题的核心和本质，解决方案自然就呼之欲出了。既然孩子现在非常反感学习，那不妨就还给她主宰自己生活的权利。

从邀请她每天做一样家务开始，爸爸妈妈负责只给正向的反馈，绝口不提学习和考试的事情。

她显然不敢相信自己的耳朵："真的吗？就这么简单？"

我笑了："把她最想要的给她，后面的都不是问题。切勿操之过急。"

一个月后，她再次打来电话："刘老师，太感谢您了。没想到，这么小的一个放手举动，女儿却给了我们那么大惊喜。她做到了每天做一样家务，慢慢又回到了小时候的状态，虽然不像以前那么活泼自信，可是我们都能感觉到她整个人开朗多了，也爱笑了，虽然您让我绝口不再提学习和考试，但是她真的有进步呢。我想跟您约一下咨询的时间。"

【生涯视角】

图7-1 生涯三区图

最内的圆圈代表了人的"舒适区"，当知识、任务、工作、环境等对我们来说是可以掌控的、熟悉的、习以为常的，我们会感觉到如鱼得水，得心应手，但是这个区域里，我们很难学到新东西，没有进步或者说进步非常小。中间的是"学习区"，这个区域遇到的人、事、物对自己来说有一定挑战，虽然不再那么从容，但是也可以努力，总之不会太难受。最外一圈被称为"恐慌区"，当我们遇到的挑战完全超出自己的能力范围，压力太大时，可能导致崩溃以致放弃学习，属于一个有多远逃多远的死亡区域。

作为父母，我们最好让自己和孩子都处在"学习区"，这样我们总可以有新的发现和新的收获，带着一份好奇和不那么困难就可以收获到的幸福，会极大地提升我们生涯的满足感和亲子关系的融洽度。

本节生涯故事的主人公，那位焦虑的母亲，就把孩子放在了最危险的"恐慌区"中。她的孩子原本有一个舒适区，那就是做一个自由的普通的孩子，生活中有学习，也有跟妈妈一起劳动的快乐，还有跟妈妈一起聊天的幸福，在做这些事情的时候，她感觉到非常轻松和愉悦。如果接下来，母亲对她提出一点要求，比如，要求她更主动一些（可以申请当个学科课代表），学业上更努力一些（成绩排名进步三位），她就可以进到学习区，这个区域有些陌生，但是足够有新意，是她的能力可以进行挑战的部分，她可以通过一段时间适应而努力达到。然而，母亲选择直接让她进入恐慌区，完全以学习为重心，加大了在学业方面的要求和压力，还要求她在公共场合中表现开放、大胆、自如，这对孩子来说是完全不现实的，会给她带来很多恐惧、负担，重压之下，她自然而然会逃避、放弃。

为了保证自己遭遇更少的批评、更少的失败、更少的痛苦，孩子会选择自己熟悉的领域或是自认为可靠安全的空间——因为任何可能出现的不确定因素都是她所担心的，所以，她选择不记笔记，发呆，慢吞吞地，问路也别去，问路对她来说就是学习区，甚至恐惧区，踏出去就会有危险，还是别去，回来。上课老师点名提问，别出声，危险，万一答错了怎么办？最少的关注，也就是最安全的地方。

遇到这种情况怎么突破？我们会找到原先她熟悉的感觉，她曾经对做家务事很感兴趣并且也很擅长，再加上现在学习对她来说就是一种压力，那么不妨就重新给她一个舒适区——每天做一个家务的练习，父母只给正向反馈，不提学习，不施加新的压力，帮她发展出信心，她慢慢会找到那种好奇、新鲜、努力和尝试带来的快感，这时候事实上已经把她带到了学习区了。当她可以被满足，她会自动寻找新的学习区——从而带动学习上的进步和发展。

🔑 生涯工具箱 ❶

生涯诊断——请用如图 7－1 所示的三区图来为自己和孩子的生涯进行诊断。

1. 由于性格、喜好各有差异，这三个区域之间的界线并不是绝对的，比如，跳伞对我来说属于恐惧区，但是对跳伞爱好者来说就是他的舒适区。对于一个准备学习跳伞的人来讲就是他的学习区。

你在哪个区？可以把你当下各个方面所呈现的不同分区都具体列出来。对于中学生的生涯来说，可以将不同的科目、同一科目的不同模块用这个工具来进行澄清与梳理。很多家长和老师喜欢帮孩子分析学习状况和考试情况，也可以利用这个工具进行深度区分。

2. 如果处在恐慌区，须建立自信心，克服恐惧和忧虑的情绪。马克·吐温曾说："我曾经有很长一段时间生活在恐惧之中，但是事实上大部分我所忧虑的事情并没有发生。"很多事情其实很简单，只是我们把它们复杂化、困难化了。

我们可以通过以下的方式进行恐慌区的自我调适。

（1）第六章的刻度法和能量绘画法（详见第六章）

（2）积极的自我暗示法

闭上眼睛，想象着恐慌区的那些任务，无论是学习的，还是人际的，无论是你主动选择的，还是被动应对的，现在你都是非常安全的。你可以让自己睁开眼睛，看着面前的这个大圆，曾经它让你感觉到恐惧、紧张、害怕，你一度想逃离，而现在，你把它写出来，开始直接面对它，这让你感受到更有力量。你可以发挥更大的想象力，想象它变得越来越大，越来越大，直到你的所有生活空间都完全被它填充。每一次它变大一点儿，你都会感觉自己更有力量，你可以让自己的拳头攥起来，来配合你感受这股力量。如果你需要，可以闭上眼睛；如果不需要，就继续睁着眼睛，看它的领地变得越来越大。你可以深深地吸气，让你需要的力量通过呼吸进入你的鼻腔、胸腔，进入到身体的每一个细胞，直到你完全拥有这股力量。你缓缓地呼气，把你感受到的压力、害怕和紧张的情绪完全地排到你的体外。你做得非常非常好。你可以不断重复这个过程，直到你感觉到力量越来越大，而压力、害怕和紧张的情绪都慢慢消失了。

你做得非常好。现在，你可以重新检视恐惧区的内容，带着这份力量，将它们放入学习区。

这个方法可以经常给自己和孩子使用，会帮助我们变得更自信，更有力量。尤其在重大考试前，可以在睡前和考试前使用。

（3）将恐惧感书写下来：把所有可能发生的、你担忧的、你害怕的结果写下来。

生涯故事 ❷

李明的父母最近急坏了，因为孩子无论如何也不肯吃早饭。饿着肚子去学校，到第三节课，肚子就开始咕咕叫抗议，哪还有心思学习呢？

王娟的父母也反映孩子不吃早饭就去上学，无论怎么变着花样做也没有改变，最多匆匆扒拉两口饭就算了。

【生涯视角】

都说可怜天下父母心，父母不仅要操心孩子的学习，更要负责孩子的成长。一日三餐都蕴含着满满的爱。青春期正是长身体的时候，不吃早饭，确实对身体发育成长不利。那如何能让孩子自主、自愿、自动开始培养吃早餐的好习惯呢？

李明和王娟的父母上网查找、从报刊上剪纸，通过大量的数据和案例来告诉孩子，不吃早餐危害有多么大，比如"不吃早饭危害身体成长""某地一个孩子长期不吃早饭导致胃部下垂"……但是孩子并不领情。为什么会这样呢？

因为家长虽然出于一片爱心，却一直在给孩子做负面引导。

虽然李明和王娟的父母绞尽脑汁，却并没有起到很好的作用，原因就是他们一直在使用"不吃早饭就……"给孩子进行了心理暗示，那么孩子本来就不爱吃不想吃早饭，接受了这种负面暗示后，就更不想吃了。同理，我们叮嘱一个人，"千万别忘了""别马虎啊""别迟到啊"……往往最后他真的会忘、真的马虎、真的迟到了。

生涯工具箱 ❷

爱心早餐卡

> 每一口妈妈亲手做的早餐都会让你更放松，精力更充沛。加油宝贝儿！

在家庭生活中，我们往往习惯了用催促的方式对待孩子。不知不觉中，也让他们过早感受到紊乱的生活节奏。许多孩子并不是真的不需要早餐，而是他认为太忙了没空吃早餐，久而久之看起来似乎真的不需要了。还有的家庭里，吃饭就跟打仗一样，这个催，那个说，在紧张状态下就餐，胃部承受的压力会倍增，吃下去早餐反而会不舒服。中学生需要的不仅仅是物质的保障，更需要心灵的关怀，我们可以将正向、积极的暗示和催眠，化为无形，灵活应用在生活的各个方面。

一张简单的手写早餐卡使用了力量最强大的积极暗示。当孩子看到这张卡片时，也许意识层面，她并不觉得有何特别，但是无意识中就吸收了这个正面暗示，接下来，在每一口早餐中，她的神经系统会自然发出指令让她放松并且精力充沛，这样的卡片带来的催眠效果甚至胜过一整晚的睡眠。

我们须传递给孩子们一种活在当下的生涯观，一家人以轻松的氛围开启一天的生活和工作，是一种最本真的生命教育。当我们自然地带着微笑为家人烹饪早餐，并且拿出两分钟手写一张字斟句酌的正面催眠早餐卡，再围坐在一起，享受温暖的家和美味的早餐，这看似跟学习无关，但能够为他们接下来的学习状态提供基础的生涯养分。

所以，每一项生活习惯都可以灵活运用这样的方式培养，做比说往往更有效，尤其针对这个年龄段的孩子，更是如此。我们想让他们整理好房间，那就自己先整理好每一个角落，并且一定是带着一份享受的愉悦的心情；如果我们想让孩子多看课外书，那就在家中留出一个 1 平方米的阅读角，自己先开始每天去那里停留上半个小时，并把你在书中发现的快乐积极地分享给孩子；如果想让孩子更多地参与家务，请学会用正面的暗示让他们主动跟随……

| 第二节 | **学习行为的塑造**

在中学生的生涯规划中，学习行为和学习习惯显然是非常重要的部分，无论将来是国内升学，还是出国深造，求职工作，还是自己创业，这都是可以让人受益终生的。作为父母和老师，如何能够有效帮助学生建立好的学习习惯，发展好的学习行为，这既是一门科学，也是一门艺术。在这个过程中，家庭教育和学校教育如果能够相辅相成、双管齐下，势必会取得更好的效果。

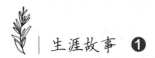 生涯故事 ❶

　　孙洋第一次中考失利，分数线不够上重点，经过一年复读，勉强过线，好不容易进了重点高中。高一的 3 次大型考试成绩都排在后面，家长和学校老师经过观察发现，他的学习习惯很不好，无法集中精力完成作业，语文练习题刚做上 5 分钟，又拿出了英语单词本，英语单词还没背上几个，又换成了数学单元测试卷，无论在家，还是学校自习课都忙忙碌碌，但效率极低。上课期间，如果老师点名回答问题，他就盯着被点名的同学看；老师叫他起来重复刚才同学的答案，他往往一脸茫然；老师已经讲到下一页了，他的课本和练习题还停留在上一页。他聪明，经常喜欢接老师话茬，而且很有幽默感，能把全班同学逗乐而自己仍然绷个脸，似乎完全不知道大家为什么发笑……

　　班主任老师恰好是语文老师，他通过阅读孩子的作文和周记发现，孩子是很喜欢学习的，也很善良，性格不错，人缘也好，他也对自己成绩无法提升感觉到苦恼，甚至还为此很内疚，很自责。通过跟家长几次见面沟通，了解到孩子小学开始就有这个问题，那时候父母忙于工作，孩子的学习都是交给一个大学生陪读家教管理，并没有形成好的学习习惯。初中的时候，父母开始关注他，开始抓学习，但是效果也并不理想，最终还是留级复读一年，也基本上是靠题海战术才勉强过关。

综合了这些情况，我决定邀请家长和我共同执行行为塑造方法，帮助孙洋养成优秀的学习行为和习惯。

自我管理能力差，容易分心和走神，由此变得焦虑和愧疚，但是不能立刻行动，于是继续分心和走神……这就是孙洋在学习上面临的恶性循环。我和孙洋沟通，无论在家，还是学校自习课上，你能做到一节课只进行一个学科的复习或作业吗？他很坦诚，说"不能"。那做作业时能不和其他人说话吗？他摇摇头。最后我们约定，如果他可以坚持做一科作业达到 20 分钟，我就奖励他一张勇气卡，一天中有一节课能做到不主动和同学说话，也不参与同学之间谈话，我也奖励他一张勇气卡。每收到两张卡，他就可以向父母提一个他们能力范围内的要求，作为对他的勇气嘉奖。第一周，他只拿到了一张卡。第二周，他拿到了两张卡。第三周，他拿到了五张卡……三个月后，他对我说："老师，我不需要卡片了，我现在已经可以做到在学校的时候非常专注了，这在过去是完全不敢想象的。我妈他们甚至怀疑我可能是多动症什么的，我自己还上网查过，甚至差点儿偷偷跑到医院检查，看看到底是不是。现在不用了，老师你让我相信了我是个正常的孩子。哈哈。"

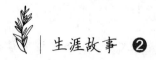

生涯故事 ❷

著名作家刘墉的爱子刘轩，在中学阶段曾是一个不折不扣的差生，他只想成为偶像舒马赫那样的赛车手，学习成绩总是 C。父亲问他："你整天梦想着当舒马赫那样的赛车手，变得不爱学习了，对吗？"

刘轩觉得父亲居然鄙视他的梦想，他气坏了，忍不住说："舒马赫还考过零分呢，不照样是世界顶级赛车手？"没想到，父亲居然笑着说："人家是考零分的顶级赛车手，可是你呢，你考过零分吗？"这场争论以君子协议落幕，如果刘轩考到零分，就可以获得学业上的自由，父亲不再干涉；零分之前，必须服从父亲的管理。零分协议的基础是考试试卷必须全部答完，不能交白卷，不能空着题，否则视同违约，成绩无效。

信心满满的刘轩很快迎来第一次考试，没想到并没有那么容易。本以为拿到零分易如反掌，可是会的题目可以故意答错，不会的题目怎么办？就是蒙也不可能完全蒙错啊。刘轩彻底崩溃了，谁想到考零分也这么难！

"一言既出、驷马难追。"为了成为偶像一样的赛车手，尽早摆脱父亲的控制，获得自由，刘轩不得不硬着头皮接受父亲的管理，没想到父亲只是说，你赶紧考零分啊，越早越好，那样你就自由了。

为了实现零分这个终极目标，刘轩开始埋头苦读，他已经明白，只有明白了题目的正确答案，才可以避开正确的而故意选择错误的，那样才可能考到零分啊！

一年后，他终于拿到人生中第一个零分。是的，他可以准确回答出试卷上所有的题目，唯有如此，才可以全部填错答案得零分嘛。

如此有心机的父亲啊！利用这样别出心裁的办法，把刘轩培养成哈佛大学心理学博士、茱丽叶音乐学院高才生、散文专栏作家及主持人。

【生涯视角】

正向强化法与负向强化法

强化理论心理学家斯金纳认为，为了达到某种目的，人会采取一定的行为，当这种行为的后果对他有利时，这种行为就会在以后重复出现；当这种行为的后果对他不利时，这种行为就会减弱或消失。强化，指的是对一种行为进行肯定或否定（奖励或惩罚），在一定程度上会决定这种行为今后是否会重复发生。因此，人们可以利用正强化或负强化来影响行为的后果，从而修正行为。正强化就是奖励需要的行为，从而加强这种行为；负强化就是惩罚不相容的行为，从而削弱这种行为。正强化的方法包括物质奖励、奖金、表扬、安排担任重大的工作、给予学习和成长的机会等。负强化的方法包括批评、处分、惩罚等，有时不给予奖励或减少奖励也是一种负强化。

在孙洋的案例中，我们正是通过对他在约定时间内管理好自己的学习安排和注意力提升的行为，给予正强化——发放勇气卡，勇气卡累积到一定数量可以找父母兑换奖励，从而将我们希望他发展并保留下来的行为固化成一种习惯和能力。

无论是老师、还是家长，往往在不知不觉中采用了负强化的方法。比如，有些老师布置的作业较多，经常会利用自习课加课时，平时讲话会有意无意地强调自己所教这门学科的难度，考题难度增加使得学生平均分较低……家长则会老生常谈"学海无涯苦作舟"，给孩子花很多钱买各种辅导书，经常唠叨孩子某一科比较弱，必须努力，不然就会落后，不惜花大价钱请老师补课或者报很多个辅导班……出发点都是好的，但往往都是南辕北辙——以上无一例外都是负强化，强化学生远离这些学科远离学习的行为。一上课，老师就说，学好语文要下大力气，这是万科之母，是母语，关乎幸福，关乎未来你职业生涯的发展和成就高度，必须多花时间阅读经典，多做写作练习，多做历年真题，还得磨语感，找方法，总结答题技巧，因为主观题较多，不像理科那样更容易得分，按照我说的做，不一定会提高分数，但是不按照我说的做，你肯定成绩好不了……刚一开始大家都会埋头苦学，花了时间、精力，写得手腕酸痛手指肿胀，几次考试下来，果然没有明显起色，果然老师说得对啊，是挺难学的，我也按照老师说的做了，怎么分数还是这么差，可能我这脑子不适合这个学科，能力不够，由此，学习积极性不断下降，慢慢就敬而远之了。其他学科亦然。投入了感情、时间和精力，付出了努力和汗水，最后还不落好！

刘轩的爸爸则十分聪明，你看他的正强化可谓出神入化，居然能想出考零分就自由这么高级的点子。对一个考 C 的学生来说，考 80 分、100 分可是太遥远的目标了，可望不可即，肯定很难。人们的本能都是趋利避害的。那么难，不如放弃好了，还是玩儿来得轻松。而零分，这不是开玩笑吗，那简直小菜一碟。就这样，不知不觉中，刘轩就进入了爸爸设下的爱的圈套。

老师们也可以多运用正强化心理，一开始就暗示学生，我这个科目最简单了，每天听懂我讲的一半就够了，作业写工整就行了，练习只做我指定的就好了。阶段检测中，老师也只是考查指定的那部分内容，果然，孩子们都拿到了理想的成绩，慢慢对这个学科产生了兴趣，对自己的能力也产生了信任，最关键的在认知层面上，孩子们会想，这个学科真简单，我按照老师说的去做，就可以得到高回报，何乐而不为？

逐步养成

复杂的学科学习、良好的社会交往能力和行为习惯都是由细小的反应累积而成的，这个过程就是"逐步养成"。"逐步养成"是以连续增强与目标行为有关的一连串细小步骤来发展新行为，而非静待新行为以最终面貌自行呈现。

"逐步养成"可以使一个人获得新能力并表现得熟练与完美。许多人都能运用"逐步养成"来从中获益。一个希望拓展自己参与社会能力的成人、一个学业困难的学生、一个行为上有发展障碍的孩子，都能借"逐步养成"来改善状况。

我在出差的火车上见到三位妈妈，不停对着孩子大声斥责，你语文都那么差了，还不赶紧抓紧时间读课文背课文，不读不背怎么会写会阅读呢……孩子开始读了，她们一会儿嫌孩子读得不标准，没有感情，一会儿唠叨读的遍数不够，一会儿又说没有用心背。语文这样复杂的学科学习，须用逐步养成的方式来培养，而不能心急，想要一口吃个胖子。

五个基本方法

1. 某行为维持一小段时间后立即予以强化，然后再慢慢提高标准，要求当事人必须维持较长时间后才能给予强化。比如，想让孩子学好语文，那就可以从这个庞大的学科里先挑出一个小模块，必须是孩子最感兴趣的，也是目前能力范围的，比如他喜欢朗诵，那就读课文，他记忆力好，那就背古诗，他只要做了，就马上给予正向强化。我们可以要求他们进行默写，默写了就立马正向强化。接下来，再要求默写正确率达到80%，只要做到了就立刻正向强化。这是一个循序渐进的过程，千万不能操之过急。

2. 缩短反应的时间，启动良好的行为反应往往来自他人或周边的有关事件。

3. 增加行为频率，记录良好新行为出现的次数。

4. 改变当事人原来的反应方式，以渐进的方式从不太类似于重点目标的行为开始，一步步改变当事人原来的行为形式，朝期望的目标迈进。很多孩子并不是不能建立好习惯，而是被心急的父母吓倒了。一个原本每天玩5个小时游戏的孩子，你要求他现在一分钟都不能玩，这就不现实，如果要求他减少1个小时，这还是可以的。可是很多父母、老师往往现实中忽略了这一点，常常是孩子正在看书，马上跳出来批评，你看你姿势不对，你看你怎么又看闲书——一个不看书的孩子突然看书了，一定是马上给予正向强化的，过一段时间这个行为巩固住了维持住了，再要求他看某一类书，然后给予正向强化。一定是这样一个循序渐进的过程。

5. 强化反应的力量或强度——逐步提高对当事人行为塑造的要求。

| 第三节 | **选专业到底看什么？**

考得好不如报得好？

2015 年某些地区的高考录取率甚至超过了 91%，2015 年北京市高招本科录取率达 71.8%……高校扩招，大学门槛不断降低，在这样的录取背景下（见表 7-1），上大学不再是难事，难的是如何给孩子量身定制高考志愿填报计划，选择跟他最匹配的专业和学校。

过去，我们习惯围着分数转，分数意味着一切，依据分数报学校、报专业，由此带来的是很多人的生涯混乱和痛苦、未来的高风险和低满意度。越来越多的家长和老师意识到这个问题，所以，当今社会，高考已经不再是分数的较量，更是志愿填报的比拼。

表 7-1 全国 2010~2014 年参加高考人数和录取率

时间（年）	参加高考人数（万人）	录取人数（万人）	录取率（%）
2010	946	657	69%
2011	933	675	72%
2012	915	685	75%
2013	912	694	76%
2014	939	698	74.3%

家长、老师的经验可靠吗？

有些家长仅仅是因为自己有着名校情结，就让孩子为自己圆梦，专业则胡乱选择，反正好大学出来总不会太差；有的家长则是根据自己的经历，再上网查找，问问身边人，就断定某些专业有前途，某些专业不学也罢；有的家长则热衷于报名就业率最高的专业、最受大众欢迎的专业……

老师则往往更多依据往年的分数线和学生的模拟或高考成绩，过去所教学生的入读专业反馈以及就业反馈等为家长和学生提供建议……

茹梦的高考成绩很高，完全超出了正常发挥的水平，也正因为如此，打破了原来的高考志愿填报方案，一家人喜忧参半，得之不易的高分可千万别因为志愿选不好白白浪费了。他们熬夜讨论，又综合了学校和各科老师的意见，最终决定还是根据分数选择学校，可喜可贺的是，茹梦最终被中国人民大学录取了。但是她是踩着分数线进的，所以录取的专业很不理想，比较冷门，而且茹梦完全不感兴趣，大一大二无论她怎么努力也学不好，整个人都变了，现在她正准备备战 GRE，提前出国，借此转换专业。

类似的案例每年都有很多，无论老师还是家长，如果不能深刻了解选择专业的各项参考指标及决策方法，仅凭有限的职场经验、生活经验和并不全面的知识，是无法给学生提供真正有益的报考指导的。毕竟大学四年的学习、生活状态和质量，对于一个人的一生还是会产生极大的影响的。目前，在生涯规划领域，高考志愿填报正在不断成为一个细分领域，吸引了大量的专家投身该领域，为学生、家长、学校提供志愿填报指导。

专业要选学生感兴趣的吗？

对于大部分高中生来说，毕竟社会阅历是极少的，在将更多的时间、精力投入到高考复习上，势必对于其他信息的关注就会少了很多。很多学生并不了解自己，自我认知知之甚少，他们往往所谓的感兴趣更像以下显示的这样：喜欢玩游戏，那就报考一个计算机专业；喜欢钱，会计和金融看起来还不错；喜欢旅游，那就报个旅游管理吧……这些是不是看起来更不靠谱？但许多学生就是这样任性选择了将要共度四年的专业。

有些学生看似振振有词，将为什么选择一个专业往往说得是头头是道，比如：小 A 打算学习心理学，徐峥拍的那个《催眠大师》太神奇了，我也想成为那样高深莫测的大师；小 B 准备学习物理，《生活大爆炸》里的谢耳朵简直帅呆了，酷毙了，那种生活的感觉正是我所向往的。小 C 说要当主持人，从小就喜欢看《快乐大本营》《天天向上》《天下女人》等，我觉得那些主持人口吐莲花、气质极佳，我从小就喜欢说话，表达能力也不错，而且主持人收入也很高，穿得也非常有品位……你觉得这样的理由怎么样？如果你的孩子和学生也用这样的理由来说服你他准备报考这样的专业，你如何应对？

如果仅仅是因为电视节目、偶像剧等获取的简单认知，就仓促以此作为本科专业，那很可能给生涯规划带来麻烦。造成以上学生产生这些想法的原因就是心理学上的晕轮效应，也称为光环效应。当认知者对一个人的某种特征形成好或坏的印象后，他还倾向于据此推论该人其他方面的特征。本质上是一种以偏概全的认知上的错误。那如何能脱掉光环效应，对于自己产生兴趣的专业了解得更多呢？我们在后面的生涯工具箱会提供生涯访谈清单，它既可以让我们对专业相对有个全面、客观的了解和认识，还为我们对工作世界的正确认知打下非常好的基础。

有些家长说："孩子大了，可以自己做主了。"道理是不错，但是如果孩子本身并不具备科学决策的能力，不能明智地选择，也不了解自己和职业，无法在浩瀚如海的信息中筛选出适合自己的专业，这不也是变相害了孩子吗？

作为家长和老师，我们既不能偏听偏信，也不能完全失控，而应该成为孩子在这个关键期的一个温暖的港湾，既提供情感滋养，也提供方法指导，必要时更须从更高、更全面的视角为孩子的人生重大决策提供帮助。

高考志愿填报、专业选择，既须向内探寻学生的兴趣、性格、价值观，也须梳理家长和孩子的亲子关系，尤其是决策权掌握在谁手中，更须尽可能多收集相关信息，如此才能够选择最适合的专业。

选择专业，你必须了解以下信息

备选专业	1 兴趣	2 性格	3 模拟及高考成绩	4 当年招生人数	5 分数线	6 大学排名	7 专业排名	8 地域	9 开设课程	10 培养目标	11 发展方向、就业前景
1											
2											
3											
4											
5											
6											
7											
8											
9											
10											

【第一步，必须全面了解自己的兴趣、性格、价值观】

详见第五章。

【第二步，必须准确、详细、全面地了解专业】

麦克思的一项调查显示，80％的大一学生对专业不满意。造成这种现象的一个很重要原因就是报考志愿时，家长和孩子都没有准备功课，盲目选择，并不了解专业的内涵。

许多人选择中文专业，往往简单地认为中文专业就是上课可以光明正大看小说，或者把它当成培养专业作家的摇篮，带着这样的心态上了大学，一看厚厚的专业书，语言学、文字学、古代汉语、现代汉语、文学评论……顿感上当受骗。还有个孩子，特别喜欢生物，每次生物考试都是满分，放假就喜欢去生物博物馆，上大学非生物学专业不报，正好他心仪的那所学校当年招收生物医学工程专业，他兴高采烈地把这个作为第一志愿第一专业，果然如愿以偿。万万没想到，这个专业虽然有"生物"二字，但完全不是他所想象的研究动植物、做标本、做实验，而是每天研究医疗设备的研发、生产，他遭受了极大的打击，花了好几年的时间，才让自己重新振作起来。还有的学生，毕生理想是救死扶伤当医生，报考志愿时选择了医学影像工程，他以为这个专业培养的是放射科的医生，可以拍片子，给医生的诊断提供重要的依据，没想到，这个专业主要培养从事X线机、数字化X线机成像装置、磁共振成像装置、超声成像设备等医学影像设备的研制、开发、技术支持，实际属于电气信息类专业，毕业时拿不到医学学士的学位，而是工学学士，可给他郁闷坏了，哭着喊着要退学。这实在是相差甚远啊！

如何准确、全面地了解专业内涵呢？

1. 参考《普通高等学校高等职业教育（专科）专业目录（2015年)》、《普通高等学校本科专业目录（2012年)》，通过查询关注专业在专业大类、专业类上的归属。

2. 参考目标学校的网站，找到相关院系，在本科生培养类目下可以找到专业介绍，其中往往包含培养目标、开设课程及主要师资研究方向等。

3. 通过志愿填报APP查询具体信息，通过社交网站、大学BBS等，寻求目标学校和目标专业的师哥师姐的帮助，从他们手中可以要到第一手课程表信息，再详细沟通他们在这个专业就读的感受，还可以了解这个专业在本校和其他学校中的排名、在就业市场的认可度等。

4. 麦克思研究院对于专业、就业研究的报告每年更新，里面还提供了不同专业毕业生就业的行业信息、平均薪酬等资料。

【第三步，生涯访谈助力专业选择】

家长和老师可以利用表7-2和表7-3，提早带领中学生进行生涯访谈，这样获取的一手资料和信息可以填补以上方法收集来的信息，对于我们全面、客观地了解一个专业提供更广泛的视角。

表7-2 生涯访谈问题清单（职场人士版本）

序号	问题
1	您目前的工作属于哪个行业、部门和岗位？
2	您最喜欢目前工作的哪几点，为什么？
3	您最不喜欢目前工作的哪几点，为什么？
4	您是如何决定进入这个领域（行业、公司、部门）的，为了进入该领域，采取了哪些行动？
5	除了进入这个领域（行业、公司、部门），还有哪些专业供选择？
6	如果有高中生打算进入这个领域，您会推荐他选择什么专业，哪些技能和知识是必备的？
7	在这个领域里，薪酬福利大概是怎样的？入门级到最高级的薪水分别有多少呢？
8	您认为必须具备怎样的品质才可以胜任这个工作？
9	您的主要工作任务和内容都有什么，可以用我能听懂的方式具体描述一下吗？
10	一个正常的工作日，您的一天是如何分配的？
11	在当前的工作岗位上，您会遇到哪些挑战、考验和压力？
12	在这个岗位上，晋升空间是怎样的？
13	这个岗位的哪些工作能力是可以迁移到其他岗位或领域的呢？
14	在您过往的生涯经历中，您还曾经从事过哪些工作？是什么让您做出了转换行业或岗位的决定呢？
15	如果我想要了解更多，还可以了解哪些相关的职业？您是否可以帮我推荐2~3位朋友？

表7-3 生涯访谈问题清单（大学生版本）

序号	问题
1	您目前的专业属于哪个类别，可以进入哪些行业、部门和岗位？
2	您最喜欢目前专业的哪几点，为什么？
3	您最不喜欢目前专业的哪几点，为什么？
4	您是如何决定进入这个专业的，为了进入该专业，采取了哪些行动？
5	除了进入这个专业，还有哪些选择？
6	这个专业的课程都有哪些，请您详细介绍名称及学习内容？

续表

序号	问题
7	您认为必须具备怎样的品质、能力才可以胜任这个专业？
8	一个正常的学习日，您的一天是如何分配的？
9	在当前的专业学习中，您会遇到哪些挑战、考验和压力？
10	考研的时候，这个专业可以选择的方向有哪些？
11	您所在的学校有哪些特色的专业？
12	您选择这所学校排名前三的理由是？
13	如果我想要了解更多，还可以了解哪些相关的专业？您是否可以帮我推荐 2 ~ 3 位朋友？

【第四步，决策平衡单帮助科学决策】

表 7 - 4　专业选择决策平衡单

	权重 - 5, + 5	专业一		专业二		专业三		专业四	
		加权 分数 +	加权 分数 -	加权 分数 +	加权 分数 -	加权 分数 +	加权 分数 -	加权 分数 +	加权 分数 -
个人物质方面的得失： 1. 发展 2. 健康 3. 娱乐 ……									
他人物质方面的得失： 1. 家庭收入 2. 家庭支出 3. 家庭团聚成本、频率									

	权重 −5, +5	专业一		专业二		专业三		专业四	
		加权分数 +	加权分数 −	加权分数 +	加权分数 −	加权分数 +	加权分数 −	加权分数 +	加权分数 −
个人精神方面的得失： 1. 创造力 2. 多样性 3. 影响力 4. 独立性 5. 被尊重 6. 挑战力 7. 能力 8. 兴趣 9. 性格 10. 理想 ……									
他人精神方面的得失： 1. 父亲 2. 母亲 3. 好友 4. 老师 ……									
总分									

注：1. 权重（−5～+5）根据价值观、左侧考虑因素的重要程度进行权重评分：+5 代表"价值观、左侧考虑因素完全满足"，−5 表示"价值观、左侧考虑因素完全未满足"。

2. 每一个专业选择下，都有加权分数（+）（−）：1 表示最不重要，3 表示一般，5 表示最重要。分别打分后，再乘以左侧的权重得分。

3. 每一专业选项下方所有正负相加，则计算出该选项的总分。再分别将 4 个或者更多专业选择总分进行比较、排序。

4. 过程和结果同样重要。进行该表格填写的过程，本身就是仔细考虑价值观、各影响因素及专业之间的关系，会帮助我们对复杂决策问题进行更全面地衡量和比较，以方便给出最适合学生的专业决策。

举例：对于专业一，对个人物质得失：发展这一项加权分数是正向5分，前面这一项权重得分为3分，那么这一栏填入5（+15）。

专业一，对个人物质得失：娱乐这一项加权分数是负向1分，前面这一项权重得分为4分，那么这一栏填入-1（-4）。

	权重	专业一	
	-5，+5	加权分数 +	加权分数 -
个人物质方面的得失 1. 发展 2. 健康 3. 娱乐 ⋮	3 3 4	5（+15）	-1（-4）

第四节 | 海外名校尖子生为何突然要退学？

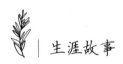

生涯故事

从小乖乖女，国内国外都省心

17岁的杜允初中毕业后，就成功申请到一所美国的著名私立高中就读。因为她成绩优异，特长突出，各方面能力都很强，得过很多国内外的奖项，还申请到了一笔不菲的奖学金。一直都是父母和老师的骄傲。所以，哪怕很多人都还在犹豫要不要把孩子送出去读书，她可是全票通过，所有人都支持她的美国求学梦。

杜允父母都是公职人员，无法出国陪伴，但是他们也非常放心，因为孩子从小就很自立。

第一年，杜允的求学生涯据说非常顺利，门门功课全 A，而且有了好几位密友，其中一位朋友的妈妈特别喜欢她，甚至视为己出，杜允的父母对她更是放心了。他们固定每周两次视频，互报平安。杜允在外面是一个独立、能干、优秀的学生，在父母面前，也是非常懂事，经常提醒爸爸少抽烟少应酬，多陪陪妈妈，也会跟妈妈说要制造一些小浪漫，珍惜她不在才给他们留出来的二人世界。

第二年，杜允恋爱了，她非常开心地把男朋友介绍给爸爸妈妈认识，男朋友也是留学生，来自香港。两个人性格很像，学业表现也同样优秀。杜允的父母对她的人际交往是非常开明的，也对女儿很放心。这一年，除了日渐忙碌的功课，又多了需要用心经营的恋情，杜允和父母的联系渐渐少了，一般也就一周一次，每次的时间也没有以往那么久。杜爸爸开玩笑说，女儿长大了，不由爹和娘了，是咱们开始学习放手的时候了。杜妈妈又欣慰又心酸。两个人甚至开始研究要不要再生个孩子。

晴天霹雳，优等生突然要退学

第三年刚开学才半个月，杜允突然出现在妈妈的办公室。见面后，她居然对妈妈说："我想退学。"

这简直是晴天霹雳，再过不到一年，女儿就可以升入大学了，以她以往的成绩和能力，申请常青藤名校应该不成问题。到底发生了什么，她突然要求退学呢？杜妈妈想也许是孩子在美国压力太大，毕竟高手如云的竞争环境，不比在国内轻松，不仅要拼智商、拼习惯、拼学习成绩，还要拼爱美、拼会玩儿……夫妻俩只有这一个掌上明珠，并不指望她成龙成凤，只要健健康康开开心心顺利完成学业就好。这么多年来，夫妻俩从没有主动给孩子报过班施加过压力，都是她自己主动要求学习的，就算不想在美国读书了，那不妨转学回国，完成高中学业，再随大流参加高考，有个学上，日子简简单单的也很好。

可是女儿根本不听自己的。女儿要求办理退学手续，拒绝回国继续学业。她说自己上学上够了，不想上了，或者以后等有兴趣再上。问她后面的安排，她说想要体验一下不同的人生，去旅行，去做义工，或者找份小生意试试经商，她一直对经商很感兴趣。

杜妈妈和杜爸爸商量后，觉得女儿变化太突然了，他俩虽然开明，也不能理解孩子突然的决定。他们担心孩子遇到了什么问题，但是又问不出来。想带孩子咨询，孩子却把自己关在了房间里，说累了要好好休息。

最后他们俩决定让杜妈妈先来咨询看看。

束手无策，万般无奈来求助

杜妈妈焦虑不安地坐在我的对面，她急得忍不住落泪，说自己吃不下饭睡不着觉，联系美国那边的老师和杜允的朋友，他们也都说不清楚具体是怎么回事。这几天急得鬓角多出了很多白发。

"我和孩子一直跟朋友一样，出去逛街人家常常误以为我们是姐妹。为什么这次孩子回来就是不肯说出事实呢？她只是告诉我和她爸一个结果。这真的太莫名其妙了。过去从来没有出现过这样的状况啊。"

因为杜允不肯来，所以我拿出一把椅子，代替杜允，放在杜允妈妈的对面，要求杜妈妈跟她对话，就用她们通常沟通的方式。

杜妈妈看着椅子，仿佛杜允真的坐在她的对面，她忍不住潸然泪下，痛哭出声。哭了一会儿，她慢慢放松下来，挺直腰背，缓缓说道："允儿，你一直是我和你爸爸的骄傲。我们并没有像其他很多家长那样奔波付出，就这样轻轻松松地把你养大，他们都说我们俩太幸运了，有你做我们的女儿。我和爸爸也一直这样觉得。有时候看着你的照片，还会觉得跟做梦一样，眨眼间你就长这么大了。

我还记得小时候，你也常常这样坐在我对面，小嘴叽里呱啦地说个不停，经常逗得我哈哈笑。你一直特别懂事，懂事得让人心疼。这两年来，虽然你大部分时间在国外，但是总是第一时间跟我

们分享你的快乐，你又考了多少分了，你又得了什么奖了，你交了
男朋友了……遇到困难的时候，你也会向我们诉说，我们也会尽力
给你提供力所能及的帮助。这次你突然回来，我们真的特别担心。
你到底遇到什么困难了？到底发生什么了？你跟妈妈说说，不论是
什么，我们都会帮助你，支持你。好吗？"

我邀请杜妈妈站起来，走到对面的椅子那里，帮助她转两圈，
让她"变"成杜允，坐下来。

我说："杜允，刚才妈妈的话你都听到了吗？听到的话，你点
点头。"

她点点头。

我说："那你也说说吧。"

"妈妈，我知道你跟爸爸很信任我，我也同样特别信任你们。
所以，当我退学的想法越来越强烈的时候，我选择第一时间就飞回
来，告诉你们。没有自作主张，马上行动。我知道你跟爸爸的人生
都是一帆风顺的，从小到大，都是很听话、很优秀，生活得非常踏
实。我曾经也向往过这样的人生。但是现在我觉得这不是我需要
的。妈妈，请你相信我，不论我是否读完高中，是否上大学，我都
可以做得非常好，活得非常开心。请你和爸爸这次也像过去那样支
持我，好吗？"

我邀请杜妈妈回到自己的位置上，就女儿的这番话继续作答。

"孩子，这次你听爸爸妈妈的话，17 岁还是未成年人，不读书
就去闯社会，太危险了。你的各方面条件还没有那么成熟。想要周
游世界，或者做义工，想创业，可以等你上大学再开始也行呀，现
在还是先把高中读完，好吗？"

再重复之前的动作，"变成"女儿，"妈妈，我说过，我不会再
读书了。起码不会再回到学校里了。"

……

各说各话，沟通无效难继续

这不仅仅是杜允母女之间的沟通模式，也是很多亲子关系的沟通模式，大家自以为互相理解、互相体谅，但是根本就没有办法走到对方的内心，所以沟通到最后，还是各执己见，没有人想要退让和妥协，这样的沟通，又有什么意义呢？既浪费时间精力，又不知不觉损耗着彼此的能量，还会危及关系，导致关系紧张、冲突升级等状况。

杜妈妈感觉到似乎没有希望了，女儿这次真是吃了秤砣铁了心了。她忍不住失声痛哭。

我问杜妈妈，如果孩子真的就是不上学了，你能接受吗？

泪眼婆娑的她，摇摇头，说："我简直无法想象。我真的不能接受。我和先生的确比一般的父母要开明很多，包括早早送孩子出国，包括让孩子自己选择学校，甚至包括公开支持孩子早恋……但是，我们毕竟还是传统的家庭，还是希望孩子能够按部就班读完高中，上完大学。至于大学毕业，她想干什么那时候她已经是成年人了，有能够独立承担风险的能力了，我们会由她自己选择。现在，她毕竟还小，我们作为她的监护人，怎么可以纵容她这样的任性呢？"

我请杜妈妈复述了刚才这个游戏的流程和步骤，让她回家跟孩子做一个游戏，然后再谈，在下次来我这里之前，绝不开口再提自己和爸爸的想法，也不再规劝，只是跟孩子聊其他的，如果孩子不愿意聊，那就各自做各自的事情。

美食攻心，吐露真情柳暗花明

她回家后给孩子和爸爸做了他们最爱吃的菜：糖醋排骨、香辣肉丝、清蒸鲈鱼……这爷俩是不折不扣的肉食动物，无肉不欢。用食物收买人心，大抵是这个世间最简单的方法了。

果不其然，闻到阵阵香味，小馋虫杜允悄悄出现在了餐厅里。

她搂着妈妈亲了好几下，说："我的好妈妈又回来了，在美国你的女儿吃汉堡吃薯条都快吃恶心了，就想妈妈的好手艺呢。"

晚饭后，杜允妈妈按照我说的那般邀请杜允做这个游戏，杜允欣然同意。

杜允坐在"妈妈椅"对面，慢条斯理地说："妈妈，我知道你和爸爸很担心，很抱歉，我也没有想到这一天来得这么快。我别无他求，只希望这一次你们可以像以往一样信任我、支持我、帮助我，我真的不想再读书了。只是想去看看不一样的世界。"

杜允被妈妈带到"妈妈椅"上坐下。她皱着眉头，看着对面的"女儿"，叹了口气。"我也很想支持你，但是妈妈真的做不到。想到万一你真的退学，我就忧心忡忡心急如焚。在我求学的经历中，也遇到过一模一样的情况。那个时候我非常想参军，甚至准备偷偷地离开。但是，老师和父母将我和同伴堵在了火车站，把我们抓了回来。我能理解你说想要去看看不一样的世界。也许每个青春期的孩子，都会发出这样的呼唤。可是，你毕竟还小。作为你的监护人，我真的不能支持你这个决定。如果你觉得妈妈软弱，妈妈支持你的嘲笑。可是我从来没有后悔过，想想看，要是我真的参军了，就不可能认识你爸爸了，也不可能成为你的妈妈了，那才是我最大的遗憾。作为妈妈，我只想保护好你，让你少走弯路。"

妈妈很诧异，不知道这段经历女儿是怎么知道的，肯定是外婆悄悄对她讲的。她继续指导女儿回到一开始的椅子上坐下，女儿说，"妈妈，这太出乎意料了。我一直以为你就是个大门不出二门不迈的小家碧玉，特别听话呢。原来妈妈也有青春期独立意识蠢蠢欲动的时候啊。那可真得感谢外婆他们把您抓回来了。其实我也不是没想过，万一闯世界失败了，我再回到校园里不就行了吗？美国跟咱们这儿不一样，对于成年人重返校园还是很宽容很支持的。大不了我再去参加相关的职业学习和培训，也是来得及的。我觉得，现在相比知识的学习，我更须补课的是人际关系的历练。人们不是都说"社会是最好的大学吗"。我想提前离开学校，早点进入社会大学进行锻炼。妈妈，你和爸爸的社会经历、社会关系都比较简单，我也一直被保护得比较好，人际关系是我最大的弱点。这两年，我没跟你们说，我确实因为这个吃了不少苦头。妈妈你不是说你想保护我吗？可是与人打交道，你是没法保护我的，必须得我自己经历，才能成长，才可能知道怎么能学会跟不同的人打交道。我们班的很多女孩都有过特别丰富的社会阅历，她们的社会实践可不像咱们这边这么简单，去敬老院或者社区走个形式做点服务然后在社会实践报告上面盖个章就行了，那都是真枪实战的。而我，虽然成绩一直都是全 A，这方面落下的功课可真是太多了，都不知道该从何补起。这就是我真正想要退学的原因。妈妈，你能理解吗？"

听到这里，杜妈妈心里很不是滋味，她一直觉得和孩子的沟通特别顺畅，关系亲如姐妹，却从来不知道两年来，女儿心里还有这么个结。

"妈妈，成绩再好，也不代表着你可以逃离人的江湖啊。我的男朋友跟我在一起，也不是很开心。他说我有点像个学习机器，虽然我也会弹琴、会唱歌、会画画，但是在我做这些事情的时候，更像一个人偶，好像没有真的投注进感情。我和他沟通，就像我们此前的沟通一样，我常常都是报喜不报忧，或者说，不会真的把心里的困惑和压力说出来。我也想说，但是话到嘴边，就咽回去了。不知道该怎么表达。"

想起白天在咨询室里的模拟对话情景，不也是这样吗？两个人在问题的表面绕来绕去，跟打太极拳一样，是绕圈子的高手呀，根本不曾涉及问题的核心。若不是有这样一个椅子来代表彼此，这么清晰地呈现出沟通的过程，我还真不知道我们的关系存在这么远的距离，沟通存在这么多问题。杜妈妈叹了口气。转念，又高兴起来，幸好发现得早，如果孩子更大的时候发现，那她所经历的痛苦不是更多吗？

"妈妈，其实我也不是很坚定退学的想法。这几天我也想了很多。看你和爸爸急得团团转，我心里也很难受。我还记得初二的暑假，老师让我们阅读三毛的书，看到三毛在海外留学被舍友孤立被同学欺负的时候，我还暗暗嘲笑她，心想她可真是个笨姑娘。等我自己经历了这些，才知道，那并不是杜撰出来的。妈妈你说让我回国读书，其实，在哪儿都是一样的。有人的地方，就会有各种各样的关系须面对、须处理。"

杜允若有所思地站了起来，在妈妈的陪伴下，又走到了"妈妈椅"，她坐下来，对着那把空了的椅子缓缓说道："允儿，你真的成熟了，比妈妈强，你妈妈当年是走到工作岗位上才体会到这些。那时候我也哭过，也想过逃跑，可是就像你说的那样，我就算是换个岗位，换个单位，但无论如何也离不开人呀，一样还是要面对关系的考验。我和你爸爸就是在那时候遇到的，他给了我很多启发和帮助，让我终于一点点走出了阴影。你说得对，光成绩好不算什么，一个人的一生，有很多身份，有很多方面，学习不过是其中一个方面。人际关系很重要，可能你从小就特别体贴，特别懂事，一路学习也好，人缘也好，我们从来没觉得人际交往会对你是个问题。不过想想，也确实没怎么跟你聊过这方面的事情。这的确是我们疏忽了。难怪人家都说，当父母也是种瓜得瓜种豆得豆，付出多少，收获多少，我们以前是太省心了，看来现在是须多付出的时候了。"

杜允回到了自己的位置上，她低着头，回想着妈妈的话，想了很久很久。最后，她慢慢抬起头："妈妈，我一直都想做个好孩子，好学生，一辈子当你和爸爸的骄傲。可是现在，我觉得这样太累了。其实，我想退学，也是因为我对你们的期望和周围人对我的期望感觉到压力太大了。再加上在人际关系上遇到了一些挑战，我就想到了退学。我一直觉得你和爸爸都很完美，现在我身上出现了这么大的缺点，那还不如让一切停止，我从社会大学开始从头再来。可是，刚才听了你说的你青春期的那些事儿，我突然觉得，这些都不算啥。妈妈不也是这样走过来了吗？其实我男朋友也在这些方面给了我很多帮助，只是我不愿意主动向他求助，我总是希望自己一个人就能搞定所有事情，这样就可以不让你们操心，不让你们对我失望，不成为你们的负担和麻烦。现在看来，这样的想法真是太幼稚了。"

……

杜允终于打消了退学的念头，她在妈妈的陪伴下来做了两次咨询，处理人际关系方面的一些困惑，改变了一些不合理的认知，也学到了一些实用的方法。一周后，她开心地飞回了学校，继续学业。

生涯工具箱

以下情况可以使用空椅子技术。

1. 亲人或者朋友由于某种原因离开或者去世，这使得我们内心非常悲伤、痛苦，甚至意欲轻生，无法找到合适的途径进行排解。向空椅子进行倾诉，表达情感，可以舒缓强烈的情绪。

假定另外一个人坐在这张椅子上，把内心想说，却没机会或者没来得及说的话表达出来，借此倾诉内心感受、宣泄负面情绪，使内心逐渐趋于平和。

王静的爸爸和妈妈在一次剧烈的冲突和争吵后离婚了，爸爸办理完离婚手续即刻飞往国外。王静目睹了父母从争吵到离婚的整个过程，她感受到巨大的悲伤和恐惧。父母离婚后，一向开朗乐观的她脸上再没有了笑容，多疑、敏感、爱哭，无法集中注意力听课，学习效率严重下降。每天晚上都要做恶梦，经常惊醒，醒来大汗淋漓、面色惨白。母亲看在眼里急在心上。

我建议母亲使用空椅子技术帮助她，让她想象父亲正坐在那张椅子上，将她对他离开的愤怒、恐惧和悲伤等情绪讲给父亲听。如此倾诉以后，王静的情绪平和多了，也不再噩梦频繁，学习成绩也慢慢恢复到了正常状态。

某校某班学生在放学时目睹了一场惨烈的车祸，班主任老师用该技术将同学们因此产生的恐惧、惊吓等情绪进行充分的释放和宣泄。如果班里某个学生因病离世或突发意外生命结束，班上同学由此产生了恐惧、忧伤等情绪，也可以使用空椅子让学生与他告别，以此抚慰心灵，避免因刺激产生心理阴影。类似的情况也可能出现在家庭中，同样可以用类似的方法来进行处理。

2. 有人对我们造成伤害、我们与他人产生误解等，不能直接把负面情绪发泄出来，通过对空椅子宣泄，获得平衡的内心。

李军的爷爷脾气非常暴躁，因为李军期中考试排名下降，爷爷严厉批评了他，而且根本不听他的解释。原来，考试前李军因为帮助一位同学送急诊就医，耽误了考试时间，没能答完英语的全部试题。李军感到很委屈，但是爷爷年纪大了，心脏也不好，他不能对爷爷发脾气，只能忍着，但是越想越委屈。

当时时间已晚，李军委屈得晚饭也没吃，作业也没心思写，妈妈非常着急，但是夹在孩子和老人中间左右为难，老人也说不得，孩子劝也不听，无奈之下，李军妈妈在网上向我求助，我简单给她讲解了空椅子的操作方法，她马上尝试。李军对着空椅子所代表的爷爷进行了解释，说出了自己的委屈心理，还踢了椅子几脚。很快，他的委屈、不满、愤怒等情绪完全平复了，洗完脸吃完饭，效率很高地写完了作业上床睡觉了。这个方法非常实用，尤其是我们在权威人物（领导、长辈）等面前受了委屈，很可能没有解释的机会，但是心里又咽不下这口气，可以尝试用这个方法让自己有效释放。

3. 无法或者不便直接向非常亲密、信赖的人倾诉时，可以向空椅子倾诉。

王小燕特别喜欢以前的英语老师，无论遇到学习上的困难，还是生活方面的困惑，她都喜欢跟英语老师讲，老师总能帮她拨云见日。可惜好景不长，英语老师因为爱人工作调动，跟着调到南方去了。小燕再也无法跟英语老师讲这些女生的小心思了，还很排斥新来的英语老师，她拒绝写英语作业，英语课上也不在状态。班主任老师教给她这个方法，让她在想原来英语老师的时候，就向空椅子求助，小燕慢慢地接受了新来的英语老师，也不再愁眉苦脸了。

4. 本应该做的事情没有做，引起了不好或者严重的后果，由此产生了强烈的内疚感、罪恶感和自责心理。这时，通过自我对话可以降低内疚感。

先坐在一张椅子上，扮演自己的某一部分；再坐在另外一张椅子上，扮演自己的另一部分，这样依次进行对话，以整合内心。

雨儿一直有强烈的内疚感，因为她是外婆最心爱的小孩，可是外婆离世时她正在学校上课。等她回来时，外婆已经永远地离开了。她非常懊悔，因为那天本来可以不去上学的，大家都感觉外婆生命结束就是最近两天的事情，本来妈妈已经帮她请好假，可是她不好意思耽误太多课，早上看外婆状态还不错，于是跟外婆打过招呼就去上学了，她还跟外婆约好晚上她带着作业边写边陪外婆。外婆离开后，她就像变了一个人似的，闷闷不乐。父母怎么开导她也不行。她总是说，都怪我，外婆那么疼我，我却连最后一程都不能送她。

了解到这些，我决定用空椅子来帮助她，她坐在一张椅子上，大声斥责对面的自己，"外婆那么疼你，你为什么非要离开她？" "已经请好假了，不去上课又能怎么样？""难道外婆不是更重要吗？"……当她已经无话可说时，让她坐在对面的椅子上，为自己进行辩解，"我也没想到，这一去就再也见不到外婆了。""如果能再给我一次机会，我一定会守在外婆身边，好好陪着她……"……很快，雨儿就放下了愧疚感，因为她看到两个自己打来打去，那么痛苦，又那么可笑，这一定不是外婆希望看到的。

5. 纠结在选择中无法下定决心，处于"十"字路口不知何去何从时，空椅子可以帮助澄清价值观，分析每一种选项的利弊，找到最佳的解决问题路径。

李思哲接到了两份人人羡慕不已的大学录取通知书，一个是排名前10的全国重点大学，一个是国外的名校，两个学校都很好，录取的专业都是他喜欢的。可是到底该怎么选择呢？如果留在国内，就可以常常跟父母见面，而且这里的生活环境更加熟悉，好朋友们也都在国内，而且学费和生活消费都比较低，不会给父母增加负担；如果出国，这次没有奖学金，学费和生活费都是一大笔钱，他想要主攻的专业是须全身心投入的，为了以后的升学打好基础，肯定不能选择半工半读……父母建议他出国，毕竟国外的科研环境更适合他的性格，他倾向于留在国内，可是又觉得放弃这个机会出去也挺可惜的……当他坐在 A 椅子上时，可以把选择留在国内上大学的所有优势、劣势都说出来；坐在 B 椅子上时，再罗列出国读书的好处和坏处……然后再分别对话、辩论，最终找到心灵最倾向的选择。经过了这样一番澄清，他最终选择留在国内，而且内心非常平静，没有了之前的纠结和苦恼。父母也在他条理清晰的陈述中，选择支持他的这一决定。

6. 不能或者无法去体谅、理解、宽容别人，人际交往方面出现问题，自己却找不到原因。让自己和他人对话，可以找到真正的原因。一把椅子代表自己，一把椅子代表他人，开展对话。

闫娟和母亲闹别扭了。她认为母亲非常自私，不是一个称职的母亲。母亲认为闫娟不懂事，不理会她的无理取闹。闫娟每天都以泪洗面，感觉自己被抛弃了。班主任注意到闫娟的变化后，找她谈心，但是发现效果并不理想，于是让她做了一次空椅子练习，闫娟终于发现自己对母亲非常苛刻，母亲承受了很多委屈和很大的压力。她主动向母亲道歉，母女关系明显好转。

7. 社交恐惧，不敢或害怕与他人交往。运用空椅子技术模拟人际交往场景，在模拟情景中减轻恐惧和焦虑的程度，掌握与人交往的技巧。一张椅子代表自己，其他椅子代表须交往的对象，也可以分别代表一些阻碍因素，如"自卑""恐惧""压力""紧张"等。

子言初二的时候曾经被班里的男生当众嘲笑过，自那以后她就很怕和男生在一起，和男生同桌她就后背紧张，最后不得不请求老师给她调换座位。做练习时小组里如果有男生，她会一言不发，生怕说错什么又会重现当年那尴尬的情景。通过空椅子，让她逐渐释放几个关键场景中对男生（嘲笑、同桌、小组练习）的恐惧和焦虑等心理，在过程中了解对方和自己的心理状态、内心想法，慢慢建立正常的异性交往心态，培养交际技巧。

| 第五节 | **计划年年做**

有太多的人说我要减肥，十年过去了，还是那个胖子，或是说更胖了；有太多的人说我要学好英语，结果英语一直没学好，始终会的都还是学生时代的那些单词……为什么会这样呢？原因就是，"减肥""学好英语"根本就不是目标。所以，孩子们光有美好的愿望是不够的，必须通过在家长和老师的指导下，学会把目标清晰化，再分解成不同的阶段目标。目标具有以下几个特点，试着陪伴孩子一起练习将这些目标进行具体化（见表 7-5）。

表 7-5 目标澄清表

序号	清晰的目标	学好英语	减肥	学乐器	考上大学
1	行动内容				
2	形势条件				
3	耗费时间				
4	必须努力				
5	检测核验				

举例，如果我想要学习一门新乐器，我可以这样分解，并建立清晰的阶段目标。

（1）在下周一前，我找到可以上门教我的尤克里里老师，我期待可以学习的时间是每周三或者每周五，我可以支付的课酬是每小时300元。

（2）每周三，我跟上门教我的老师进行45分钟的新内容学习，再用15分钟进行课堂练习，听取老师的修改建议。

（3）3个月内，我每天坚持3次15分钟的练习，掌握9首小曲子，可以边弹边唱。

（4）一年后，我会举办一场拥有50个听众的小型个人尤克里里演奏会，计划从30首曲目中确定正式演出的9首曲子。

在这份乐器学习计划里，我明确了每个阶段的目标，并且提供了可以衡量检测的方法——通过时间或者曲子的数目以及演唱会的检测，即可知道我是否已经完成目标。接下来，请你邀请孩子一起来制订一个年度计划（见表 7-6）。

表 7-6 目标计划表

序号	分类	时限	内容描述	排序前三位
1	终极目标	超过 20 年		
2	长期目标	5~10 年		
3	中期目标	3~5 年		
4	短期目标	1~2 年		

第六节 每一次简历都是总结人生，每一次面试都是浴火重生

在这一节中，我们会来探讨，如何帮助中学生朋友储备技能，以应对随时可能出现的面试和简历。

回顾我们作为父母和老师的成长、职场经历，就不难发现面试和简历的重要作用。尤其是在当今这样一个快速发展的高科技时代，如何能够在众多竞争者中脱颖而出，给面试官留下最佳印象，已经开始发展为一个独立的学问了。有的公司和个人，甚至把这个作为主营业务，提供面试和简历辅导。

在开始讨论前，我们必须首先明确一个问题，简历是什么，面试是什么？当我们明白这一点，再开始着手准备，并主动出击，就不再是困难的事情了。

不妨想想看，当我们要给孩子选择一位老师，选择一个学校，当我们给自己选择一个包、一件衣服，我们会考虑什么？我们会考虑他们是否够好，是否实用，是否适合我们。当然，我们还会不可避免地受到广

告的影响，比如"飘柔，就是这么简单""钻石恒久远，一颗永流传""挖掘机学校哪家强，中国山东找蓝翔""哪里不会点哪里，So easy，步步高点读机"……

简历就相当于广告，只不过我们推销的不是产品，而是一个活生生的人，透过简历，别人了解到这个人的背景、价值、能力等，由此决定是否要给他一个机会。有的简历打动了审阅者，因此能够进入下一轮的面试，有的简历直接被淘汰。

面试是什么，面试相当于把被试人当成商品，进行陈列和展出，必要的时候可能还要试穿，由此决定是否匹配，从而影响消费者是否要选购该商品。

在面试过程中，面试官仍然会参考简历，他们经常会依据简历上的信息再次进行更为详细的提问，借此对被试者能够有一个全面、深入的了解，以此判断这个人是否符合他们提供的这个机会。所以，简历不仅是一个帮助获得面试机会的推介工具，在参加面试回答问题时，简历还是一个记忆工具，在制作简历的过程中，帮助理顺成长经历，梳理已经拥有的相关技能。

所以，好的简历就是一个好的广告、一个好的敲门砖、一个好的自我认知。如何书写简历，关键就是把我们自己当成一个品牌。

写简历，不妨从写名片开始。

虽然父母和老师阅读这本书，主要是为了帮助孩子突破中学生涯中遇到的各种挑战和问题，但是这一节提供的内容是非常实用的，不妨和孩子一起进行练习，在讨论和分享的过程中，你会发现，不仅收获了更加亲密和健康的亲子关系，还增加了你跟孩子之间的了解程度，当你们彼此分享、互相点评的时候，也是彼此生涯相互影响、滋养的过程。这个过程还可能帮助你收获更多的生涯发展机会呢。不妨试试看！

这下面有一张空白名片（见表7-7），你可以邀请孩子、伴侣，或者如果你是老师，可以邀请班里的同学利用班会或课堂讨论时间一起来为自己制作一张名片。在互联网思维的影响下，名片可以不拘一格、脑洞大开、创意无限。

我推荐你们创作两个版本的名片，一个名片符合你现在的身份，一个名片符合你未来的身份（你十分向往、憧憬的），并珍藏起来。无论作为家长、老师还是中学生，我都强烈邀请你们为自己制作多几个版本的名片，在不同场合发放出去。这是一个职业化的好开端。当我们这样做了，我们就离高满意度和幸福度的生涯更近了。

表7-7 名片

过去，我们都是单位给印制名片，但是今天，我们要手绘名片，还要创作不同版本的名片，这让你想到了什么？生涯的多样化、丰富的生涯角色。我们在同一个生涯阶段，是同时拥有很多身份的，我们既是母亲、父亲、老师，也是职场人士，我们还拥有自己的梦想和特长，当你想要实现一个目标时，不妨先从为自己创作一张名片开始。

今天的中学生是互联网一代，他们对于各种网络软件、工具能娴熟应用。但是，这些社交工具和冷冰冰的机器，并不能代替人们现实生活中的交际需求和心理渴望，所以，一张纸质的名片，会带着我们的体温，更带着我们的真实性、活泼性和能动性，会给他人留下更为深刻的认识，也会让我们更有存在感。

当我们递出去一张妈妈的名片，我们的行为举止会更符合妈妈的身份；当我们递出去一张中学生的名片，我们会更多表现出中学生的特点……所以，多一张名片，我们就会多一种体验和对自我身份的塑造。

当我们的孩子试图参加一个比赛或者竞赛项目，我们不妨陪伴孩子一起制作一张跟比赛主题相关的名片，这会强化孩子对这个项目的感情和目标，更会在无意识层面推动他强有力的行动。当孩子担任了某个学科的课代表，不妨邀请他以这个学科的特色和他本人在此领域的擅长技能制作一张独特的名片，发放给同学和老师进行交流，这会极大地提升孩子在团体中的人际优势和领导力。当孩子希望考入某个大学某个专业，也可以邀请他为自己制作一张本大学、本专业的名片，这会利用人类感官的独特性推动他加快梦想成真，也会让他更好地付出努力。

心有多高，舞台就有多大。你也不妨为自己多做几份名片，让孩子以你为生涯成长和发展的榜样。在青春期，榜样的力量是无穷的。父母能给孩子最好的陪伴，就是跟他们一起去探索生涯的各种潜在机会，并最终落实到行动上。2500多年前，哲人亚里士多德就已经说过："优秀是一种习惯。"当我们对孩子耳提面命深感无力时，不妨跟他一起动手行动，往往会收获更大的成效。我曾在很多地区的中学生群体里做过这个游戏，连那些最调皮、声称不上大学也无所谓的毛头小子，也会完全沉浸在这项练习中——这个世界上，谁不爱做梦呢？当我们给梦想一个出口、一个表达的通道，就会有不可思议的力量和奇迹发生。

每个学期开始和结束的时候，你都陪伴孩子一起来制作简历。前后对比，就会一目了然，孩子和你在这个学期的收获与成长。当然，假期开始和结束的时候，也是制作简历的好契机。我们制作简历，并非一定要谋取一个兼职或者升学的机会，我更希望，这是你们亲子或师生间一个独特的交流方式，这既是对生涯的阶段总结，也是一个持续树立个体兴趣、性格、价值观、能力、目标等的好机会和好方法。

以下是中学生简历大体应该包含的内容，以它为基础，写作一个1.0版本，然后互相点评，我保证你们会笑作一团。因为刚开始的简历，总会是很蹩脚的，自己都不知道自己在写些什么，似乎前面多少年的人生都白活了一样，你们突然不知道，到底可以怎样介绍自己，描述自己。那些成绩、荣誉真的可以代表自己吗？把从出生到现在的经历，囊括到这么简单的一张表格里，然后就会有人据此决定是否给我们一个机会，似乎真的很可笑，然而这是一个现实。我们必须要把自己立体的人生收纳到这张表格里，并且去粗取精，让自己成为一个品牌，独一无二。

表 7-8　简历模板

1. 个人信息
姓名
地址
电话
电子邮箱
2. 学业或兼职目标
3. 教育
初中
高中
最喜欢的科目
作业案例
兴趣特长
学生职务
荣誉奖项
4. 校外
技能训练
社会实践
志愿经历
语言技能
专业技能
视频、网站以及个人公众号、微博等二维码

表 7 - 9　简历黄金动词

撰写	实现	完成	创造	演示	设计	发展	领导	影响
推动	促进	鼓励	鼓舞	成立	评估	扩展	指导	发起
管理	激发	阐述	增加	减少	提供	避免	研究	监督
支持	陪伴	沟通	协调	服务	奉献	发明	引领	完善
组织								

你还可以从你和孩子的生涯历程中提取更多黄金动词，以此来描述你们具备的能力和取得的成就。这些动词会让你们的简历看起来更有力量，也会让文字的部分更加简洁高效。避免使用"我做了……""我的工作是……""我负责……""我为……工作"而替换成以下动词开头的描述。

例如：

撰写创新论文，推动了中学生在这一领域的新发展；

开发并完善了班级出勤管理系统；

组织了规模最大的校友联谊会，提供了生涯访谈的机会与资源。

除此之外，强烈推荐大家一定要为自己和孩子制作作品集。一本总的作品集是必要的，比如它包含了孩子的各种证书、荣誉、成绩、文字作品、其他形式的作品等。这个也须每年更新、升级。针对不同的目标和申请机会，我们须有的放矢地填充资料，简历也是一样的道理。如果我们申请加入学校的校报、校刊，那么简历和作品集中，就更多收纳与此相关的作品和荣誉等；如果我们申请的是社会兼职，那要看它所要求的能力跟条件，与我们所拥有的资源中的哪些更为匹配。永远要记住，量身定制，才能够凸显出孩子的品牌优势，才能够彰显出孩子的诚意。

作品集目录

表 7 – 10　作品集

姓名
品牌标题
目录
目标
能力
作品展示
教育经历
荣誉与成就
参考及推荐信
视频、网站，以及个人公众号、微博等二维码

　　当我们能够把名片、简历和作品集都逐一尝试并制作出来，那么，不同场合的自我介绍，也就是再简单不过的任务了。

　　因为在前面的章节中，我们已经通过大量的生涯案例，以及专业的生涯探索练习，对自己有了足够深入的认知和了解。所以，前面的是基础，一定要认真完成练习，并且可以经常回顾。重要的不是拿到一个结果，而是在这个过程中，不断发展生涯的各方面能力，这样才能应对各种变化与挑战。

·面试前

　　如表 7 – 11 所示，面试分为如下六类。

表 7 – 11　面试分类

序号	面试分类	特点
1	一对一面试	
2	团体面试	
3	结构化面试	
4	半结构化面试	
5	电话面试	
6	视频面试	

面试前的准备清单，如表 7 - 12 所示。

表 7 - 12　面试前的准备清单

	知己	知彼
1	复习前几章的自我认知练习	面试方的背景及特点
2	名片、简历、作品集及自我介绍	历年面试内容及特点
3	要提问的问题	其他竞争者的背景及特点
4	明确自己与面试方匹配及贡献	
5	时间、路线地点或远程连接方式等	
6	形象、礼仪	
7	面试前情绪、身心状态调整	

·面试中

表 7 - 13　面试提问应答表

序号	面试官常见的问题	应对策略
1	自我介绍	1. 三点与面试方最匹配的品质、特点、成就、优势； 2. 力求简洁； 3. 控制时间，如无时间要求，两分钟为佳
2	请谈谈为什么申请这个机会 为什么会对这个机会感兴趣 请谈谈你的学业目标（规划）或职业目标（规划）	这个问题旨在了解动机，回答应表现出这个申请是建立在对自己和面试方充分了解并匹配的基础上的，而非盲目、冲动申请
3	你拥有哪些资源可以胜任这个工作 你能为我们做出怎样的贡献 关于我们，你了解哪些	此前你应对此有过详细的考察与思考 此时，重点表明和强调你自身的能力、资源（专业、性格、技能、价值观、人际关系等）与此相匹配
4	请说明你在……的能力 你跟他人意见不统一时如何处理 压力下如何平衡好生活与学习 如何处理与价值观冲突的事务	叙述结构： 事件情境 + 应对 + 成功结果 重点突出后两项 要能够概括和提炼出你在此过程中的能力（参考技能词汇表）

续表

序号	面试官常见的问题	应对策略
5	你最大的优点（能力、擅长等）	一定选取与对方需要所匹配的优势、能力，提供例证，参考公式：事件情境＋应对＋成功结果
6	你的缺点	目前，我不擅长……但是我已经意识到，并通过……来提升自己。真实呈现
7	你缺乏……的能力	以可迁移技能来应对

在面试中，好的心态是最重要的，因为放松下来时，判断、回答得最适合。不必太执着于面试时是否表现完美。

在面试前，为你的孩子、学生提供模拟面试，是很棒的方法，这可以预演过程中可能出现的各种状况，将其中的错误如实相告，并就此进行"刻意练习"，这会提升孩子在面试中的应对能力、表现能力，最终取得成功。

· **面试后**

每一次面试，都可以看作是生涯的阶段检测，不论面试结果如何，我们最应该关注的是如何发现成长空间，并借此机会提升孩子的生涯能力。

表 7-14 面试排查表

序号	面试排查
1	哪些回答、表现及相关能力吸引面试官
2	是否明确自身能力，并有恰当的例证与表现
3	是否明确自身目标、兴趣和价值观
4	是否充分表达了自己的特质和能力
5	是否过度紧张、被动
6	是否能够明确面试官提问背后想要获取的信息
7	是否须提升分析、决策能力
8	如何让自己在下一次面试中表现更优秀

没有规划的人生是拼图
有规划的人生是蓝图

作者从一个小职员一步步走上上市公司副总裁，用自己的经历现身说法，告诫即将走上职场及在职场遇到瓶颈的人士如何规划自己的职场生涯。该书自出版以来，多次加印，当当、京东读者好评如潮，作者也收到众多读者的来信求助。分享人生经验，造福大众！

ISBN：978 – 7 – 5158 – 0095 – 0